YANFA LIANMENG DE
ZHISHI CHANQUAN FENGXIAN

研发联盟的
知识产权风险

王则灵　著

知识产权出版社
全国百佳图书出版单位

图书在版编目（CIP）数据

研发联盟的知识产权风险/王则灵著.—北京：知识产权出版社，2015.6

ISBN 978-7-5130-3575-0

Ⅰ.①研… Ⅱ.①王… Ⅲ.①技术开发—科学技术合作—知识产权—风险分析
Ⅳ.①D913.04

中国版本图书馆CIP数据核字（2015）第138450号

内容提要

本书对研发联盟稳定性问题进行深入研究，尤其是专门研究知识产权风险对研发联盟稳定性的影响问题。科学界定了知识产权风险、研发联盟稳定性等相关概念，详细分析了知识产权风险的影响因素，对知识产权风险与研发联盟稳定性之间的关系进行系统性分析与设计，提出知识产权风险影响研发联盟稳定性的结构模型及其作用机理，并在此基础上，对相关理论及假设进行实证检验，认为知识产权风险从组织特性、知识特性、知识产权环境三个方面对研发联盟的资源整合有效度、协调管理有序度及关系相处亲密度产生影响。本书可作为研究知识产权风险领域的学生、研究者的参考用书。

责任编辑：许 波

研发联盟的知识产权风险
YANFA LIANMENG DE ZHISHI CHANQUAN FENGXIAN

王则灵 著

出版发行：知识产权出版社 有限责任公司	网 址：http://www.ipph.cn
电 话：010—82004826	http://www.laichushu.com
社 址：北京市海淀区马甸南村1号	邮 编：100088
责编电话：010—82000860转8380	责编邮箱：xbsun@163.com
发行电话：010—82000860转8101 / 8029	发行传真：010—82000893 / 82003279
印 刷：北京中献拓方科技发展有限公司	经 销：各大网上书店、新华书店及相关专业书店
开 本：720mm×1000mm 1/16	印 张：11.5
版 次：2015年6月第1版	印 次：2015年6月第1次印刷
字 数：160千字	定 价：38.00元

ISBN 978-7-5130-3575-0

随着经济全球化趋势的不断增强，市场环境变化加快，产品和技术生命周期缩短，越来越多的企业为了培育和提升企业竞争力，在企业之间建立优势互补的研发合作关系。研发合作使得企业摆脱了在内部开发新产品和研究新技术的惯例，更多地寻求与外部其他企业或组织建立合作关系，以解决内部有限资源难以满足重大技术创新需要，增强对由于技术变革速度加快、产品生命周期缩短及市场竞争加剧所带来的不确定生产经营环境的适应性。在这一发展进程中，企业更容易获取互补的研发资源，增强自身的创新能力，提高创新速度，降低创新成本和创新风险，达到共同的技术创新目标。于是，企业间多种形式的研发合作日益成为企业发展的关注点，企业间关系也从简单的竞争关系发展为复杂的竞争合作互动关系，并逐渐以联盟为主导形成企业间研发合作的重要组织形式。以技术创新为目的的合作研发联盟虽然在数量上得到了空前的增长，但不容忽视的是其合作失败率始终高达40%～70%，研发联盟存在不稳定性。知识作为研发合作中企业获得持续竞争优势的根本来源，已经成为研发联盟稳定与否的核心资源和关键要素。作为研发合作的主要投入与产出，知识也势必成为企业研发合作谋求利益的战略重点。相关研究已经证明研发联盟形成的动机之一就是共同创建新的知识和进行知识转移，并认为知识资源互补是研发联盟形成的基础。

由于企业必须向合作伙伴提供那些难以通过市场交易方式获得的资源，如自有知识产权等，以保证合作研发的顺利进行。这样的资源共享是一把双刃剑，如果企业能够很有效、恰当地保护自身资源不受侵犯，那么企业通过合作研发能够获得新的技术成果和竞争优势；反之，如果保护不当，则有可能会丧失已有优势，导致合作失败。由此可见，合作研发中的知识产权问题是影响研发联盟稳定性的关键问题。目前，已有相关研究成果主要集中在知识产权风险的内容及其管理战略、联盟中伙伴间的知识产权冲突成因及其对策、联盟中企业知识资产的保护等方面。但是，系统的就知识产权风险对研发联盟稳定性影响的研究还比较缺乏，在影响因素、结构模型、作用机理等方面的探讨不足，并且需要进行相应的实证分析。

本书试图整合并进一步完善研发联盟稳定性的相关研究内容，不仅深入研究知识产权风险的影响因素，而且对知识产权风险与研发联盟稳定性之间的关系进行系统性分析与设计，提出研发联盟知识产权风险影响因素的结构模型及其作用机理。在此基础上，对相关理论及假设进行实证检验。由此，本书可以系统地分析知识产权风险与研发联盟稳定性的作用问题，并认为知识产权风险从组织特性、知识特性、知识产权环境三个方面对研发联盟的资源整合有效度、协调管理有序度及关系相处亲密度产生影响。

本书在文献综述的基础上，对研发联盟稳定性结构进行分析。首先明确研发联盟稳定性的内涵，分析研发联盟稳定性的基本特性，以"物理—事理—人理"的系统方法论（即WSR方法论）为指导，分析并提出研发联盟稳定性的基本要素，从而形成研发联盟的稳定性结构模型。在知识产权风险方面，与已有的基于法律视角探讨单个企业所面临的知识产权流失问题不同，本书从管理学角度出发，分析知识产权风险的内涵、来源，并在研究知识产权风险与研发联盟稳定性之间影响关系的过程中，重点讨论知识产权风险的类别，以及各类知识产权风险的主要内容。由此，以具体的知识产权风险类型为自变量，以研发联盟稳定性的结构要素为因变量，深入分析各自变量对因变量的作用过程。在此基础上，梳理各要素间的影响关系与作用路径，提出相关理论假设与作用机理的框架模型。

针对知识产权风险影响研发联盟稳定性的理论假设，本书选取较为典型的研发联盟为调研对象，针对前述理论梳理设计相应的测量量表并最终形成调查问卷，搜集并整理数据。利用SPSS16.0和AMOS7.0软件对数据进行统计分析，验证理论模型，即知识产权风险类型作用于研发联盟的理论模型。

最后，得出相关研究结论，并对有待进一步研究的问题进行简明讨论。

本书研究任务的完成，得到了社会各界朋友们的大力支持、帮助。要感谢恩师雷星晖教授和尤建新教授对我的悉心教诲，在撰写期间给予我支持和鼓励。要感谢在调研过程中提供帮助的组织机构与企业界人士，正是他们的大力支持，才使作者获得了丰富的第一手资料。要深深感谢含辛茹苦养育和培养我的敬爱的父母，他们的关心、支持和鼓励使我有了执着学术研究的信心。

在本书写作过程中，作者借鉴了国内外许多专家学者的相关研究成果和论著，在此一并表示衷心的感谢。

科学研究是没有止境的，由于企业联盟的知识产权风险管理是一个较新的研究领域，还需要进行不断的探索研究，加之本书作者能力有限，书中肯定有许多不足之处，恳请专家、同仁和广大读者批评指正。

作者

2014年11月

CONTENTS

目 录

第1章　绪论 ··· 001

1.1　研发联盟的知识产权风险问题 ··················· 001

1.2　本书的视角和思路 ······························· 005

1.3　本书的研讨重点 ································· 006

　　1.3.1　研发联盟稳定性结构分析 ················· 006

　　1.3.2　影响研发联盟稳定性的知识产权风险问题分析 ········007

　　1.3.3　知识产权风险影响研发联盟稳定性的作用机理分析 ·······007

　　1.3.4　知识产权风险影响研发联盟稳定性的实证分析 ········007

　　1.3.5　作者的观点与研究展望 ··················· 007

第2章　研发联盟与知识产权风险的相关研究追踪 ················009

2.1　合作研发 ····································· 009

　　2.1.1　合作研发的概念 ······················· 009

　　2.1.2　合作研发的研究前沿 ··················· 014

2.2　研发联盟 ····································· 020

　　2.2.1　研发联盟的概念 ······················· 020

　　2.2.2　研发联盟的研究前沿 ··················· 025

2.3　研发联盟稳定性 ······························· 032

2.3.1 研发联盟稳定性的概念 ·············· 032

2.3.2 研发联盟稳定性的研究前沿 ·············· 034

2.4 知识产权风险研究 ·············· 041

2.4.1 知识产权风险的概念 ·············· 041

2.4.2 知识产权风险的研究前沿 ·············· 042

第3章 研发联盟稳定性要素示意模型的构建 ·············· 045

3.1 研发联盟稳定性内涵与基本要素 ·············· 045

3.1.1 研发联盟稳定性内涵的深入理解 ·············· 045

3.1.2 研发联盟稳定性的基本要素 ·············· 047

3.2 研发联盟稳定性结构分析 ·············· 049

3.2.1 研发联盟稳定性结构分析的WSR方法论 ·············· 049

3.2.2 资源整合有效度 ·············· 057

3.2.3 协调管理有序度 ·············· 057

3.2.4 关系相处亲密度 ·············· 059

3.3 基于WSR的研发联盟稳定性要素示意模型 ·············· 060

第4章 影响研发联盟稳定性的知识产权风险问题分析 ·············· 061

4.1 影响研发联盟稳定性的知识产权风险要素分析 ·············· 063

4.1.1 研发联盟组织特性 ·············· 064

4.1.2 知识特性 ·············· 068

4.1.3 知识产权环境 ·············· 071

4.2 影响研发联盟稳定性的知识产权风险要素示意模型构建 ·············· 073

第5章 影响研发联盟稳定性的知识产权风险作用机理分析 ·············· 077

5.1 基于组织特性的知识产权风险作用机理 ·············· 077

5.1.1 对资源整合有效度的作用 ·············· 077

5.1.2 对协调管理有序度的作用 ·············· 078

5.1.3　对关系相处亲密度的作用 ···079

5.2　基于知识特性的知识产权风险作用机理 ··································081

　　5.2.1　对资源整合有效度的作用 ···082

　　5.2.2　对协调管理有序度的作用 ···083

　　5.2.3　对关系相处亲密度的作用 ···085

5.3　基于知识产权环境的知识产权风险作用机理 ·························087

　　5.3.1　对资源整合有效度的作用 ···087

　　5.3.2　对协调管理有序度的作用 ···090

　　5.3.3　对关系相处亲密度的作用 ···091

5.4　知识产权风险作用机理模型 ··093

　　5.4.1　问题研究假设 ···093

　　5.4.2　理论模型的支持 ···094

第6章　案例实证 ···095

6.1　调查问卷的设计 ···095

　　6.1.1　调查问卷设计概述 ···095

　　6.1.2　变量的汇总、测量与归纳 ···097

　　6.1.3　调查问卷的形成 ···099

6.2　数据的收集 ···099

　　6.2.1　样本对象的选择 ···099

　　6.2.2　样本容量的确定 ···100

　　6.2.3　问卷回收与初筛 ···100

6.3　数据分析与统计标准 ···101

　　6.3.1　数据分析 ···101

　　6.3.2　统计标准 ···102

6.4　问卷测量量表的效度和信度分析 ···104

　　6.4.1　知识产权风险测量量表的效度分析 ·······························104

　　6.4.2　研发联盟稳定性测量量表的效度分析 ····························115

6.4.3 问卷测量量表的信度分析 …………………………………128

6.5 模型验证 ……………………………………………………129

6.5.1 基于组织特性的知识产权风险作用关系验证 …………129

6.5.2 基于知识特性的知识产权风险作用关系验证 …………131

6.5.3 基于知识产权环境的知识产权风险作用关系验证 ……133

6.5.4 所有潜在变量的全模型作用关系验证 …………………135

6.5.5 跨行业研发合作的调节作用 ……………………………138

6.6 实证结果汇总 ………………………………………………142

第7章 作者观点与发展展望 ……………………………………143

7.1 作者观点 ……………………………………………………143

7.2 研究局限 ……………………………………………………147

7.3 发展展望 ……………………………………………………148

附录 知识产权风险对研发联盟稳定性影响的调查问卷 ………151

第一部分 基本信息 ……………………………………………152

第二部分 知识产权风险调查 …………………………………153

第三部分 研发联盟的稳定性调查 ……………………………156

参考文献 …………………………………………………………159

第1章

》绪论

1.1 研发联盟的知识产权风险问题

20世纪80年代以来，世界经济跨入加速发展阶段，并呈现全球化发展趋势。在高科技生产技术及信息技术的推动下，人力、资本、服务、技术和信息等各类生产要素已经突破地域和行业的限制，实现了跨国界的流动，世界市场转向更深层次的相互影响、协作发展的开放式模式。一方面，在经济全球化的推动下，企业间展开了全球性竞争，原有的市场份额及市场垄断格局面临挑战，企业必须不断调整经营和竞争战略；另一方面，为了在全球范围内使得资源配置最优化，企业在骤然放大的生存和发展空间中，需要获取更加充分的信息与知识，并为此寻求相互合作的机会。

以苹果公司为例，该公司一直努力使自己的供应链更为多样化，而三星公司依然是其关键供应商，例如，三星不仅为苹果提供芯片，而且也是苹果A系列SoC的独家代工商，这款SoC在苹果iPhone、iPod、iPod touch、 iPad等产品上广泛使用。但是，这样广泛的联盟合作关系却在一系列知识产权问题带来的风险下，变得风雨飘摇。在芯片方面，三星要求苹果在芯片供货价格的基础上另外支付2.4%的专利授权费用，而苹果表示将会逐渐转向英飞凌采购芯片，由于英飞凌被英特尔所收购，这样苹果就不需要支付额外的专利授权费。2011年4月，苹果向美国加利福尼亚法院提交诉讼请求，指控三星抄袭其产品设计。三星随后提出反诉，要求苹果提供下一代产品的信息，以保证自己未来的设计专利不受侵犯。随后，苹果与三星的专利纠纷扩展到包括澳大利亚、韩国、日本、德国等8个国家的法院，并涉及30多项专利，突显出苹果与Android手机开发商之间矛盾的日益升级。2012年8月23日，韩国首尔中央地方法院对双方"各打五十大板"。8月24日，美国的法院裁决韩国三星公司侵犯了美国苹果公司专利，需要赔偿10.5亿美元。同时，该法院认定，苹果公司并没有侵犯三星公司专利，无需赔偿。8月31日，日本东京一家法院做出一项判决，裁定三星移动设备并未侵犯苹果专利。

面对现在智能机同质化的趋势，此次专利战的结果给其他手机企业（包括中国公司）敲响了警钟，即要高度重视包括国际品牌专利在内的知识产权风险问题。苹果与三星的诉讼大战并不仅在于一个小小的芯片，而是涉及苹果iOS与谷歌Android生态系统的对抗。可见，知识特性、知识产权环境等方面问题带来的知识产权风险正在成为品牌攻防的新武器，对于品牌及联盟合作的稳定性具有决定意义。

同时，随着经济全球化趋势的不断增强，市场环境变化越来越快，产品和技术生命周期越来越短，越来越多的企业为了培育和提升企业竞争力，在企业之间建立优势互补的研发合作关系。研发合作使得企业摆脱了在内部开发新产品和研究新技术的惯例，更多地寻求与外部其他企业或组织建立合作关系，以解决内部有限资源难以满足重大技术创新需要（Ruckman，2009）的问题，增强对由于技术变革速度加快、产品生命周期缩短及市场竞争加剧所带来的不确定生产经营环境的适应性，并从专业化优势出发，确定自己在全球价值网络中的位置。在这一发展进程中，企业更容易获取互补的研发资源，增强自身的创新能力，提高创新速度，降低创新成本和创新风险，达到共同的技术创新目标。于是，企业间多种形式的研发合作日益成为企业发展的关注点，企业间关系也从简单的竞争关系发展为复杂的竞争合作互动关系，并逐渐以联盟为主导形成企业间研发合作的重要组织形式。据统计，美国、欧洲和日本的企业组建战略联盟的数量以平均每年超过30%的速度递增（Collins and Doorley，1991），全球500强企业平均每家拥有60个主要的联盟关系（Drucker，1995），而美国企业仅在2002年和2003年新建立的战略联盟数量就达到了5048个和5789个，其中，研发型联盟占比超过50%（Dyer，et al，2004）。

以技术创新为目的的合作研发联盟虽然在数量上得到了空前的增长，但不容忽视的是，其合作失败率却始终高达40%～70%，研发联盟存在不稳定性。以制药企业为例，1/3以上的制药研发联盟绩效低下（Drug week Editors，2003），1/2以上的制药研发联盟归于失败的结局（Beamish，1985，1999；Kogut，1988；Park，Ungson，1997）。美国麦肯锡咨询公司研究报告显示：自20世纪80年代以来被调查的800多家参与战略技术联盟的美国企业中，只有40%的联盟维持到4年以上，而合作10年以上的仅有14%（陈殿阁，2000）。总体上，研发联盟的不稳定率为30%~50%（Yan，Zeng，1999）。可见，研发联盟并不是一种"稳定的合作模式"，并以非计划性的主要变化或者分解为不稳定的主要特征（Inkpen，Beamish，1997）。

针对研发联盟的不稳定性，许多学者从联盟的过程管理（Das，Teng，1999；Inkpen，Beamish，1997）、联盟中的内在冲突（Das，Teng，2000，2001）、联盟成员间合作的获得（Zeng，Chen，2003）等角度进行了研究，并且，基于交易费用理论的套牢问题（Doz，Hamel，1998）、技术共享和组织学习的溢出效应（Khanna，Gulati，Nohria，1998）、合作中的囚徒困境博弈过程（Parkhe，1993）以及社会困境（Zeng，Chen，2003）等各种理论知识来探索联盟不稳定的影响因素和维持联盟稳定性的机制。其中，关键问题是，知识作为研发合作中企业获得持续竞争优势的根本来源（Inkpen，Tsang，2005；Gravier，Randall，Strutton，2008），已经成为研发联盟稳定与否的核心资源和关键要素。作为研发合作的主要投入与产出，知识也势必成为企业研发合作谋求利益的战略重点。

然而，相伴而生的问题是，在合作过程中，将近80%的技术知识是以专利的形式被公开发表的，由于过期、否决、收回或者非扩展的原因，在专利文件中有超过90%的信息没能受到保护（Ehrat，1997）。同时，技术竞争的过程中出现了技术同质性的发展特征，即在多领域中产生了共性技术，并由此发挥了巨大的溢出效应。溢出效应的存在不仅会对合作的整体效应产生积极的促进作用，而且也会挫伤企业自主创新的积极性。进一步地，技术的同质性发展促生了多学科知识相互交叉、多种知识相互融合的复杂局面，同一技术轨道的知识创新将越来越难以实现，不同领域的科学技术反而能够进行融合并拓展技术发展空间。因此，企业通过合作可以从不同的知识源获取所需要的技术信息，并产生协同效应。企业间的协同效应既可以得自于纵向的上下游各环节间的技术融合，也可以得自于横向的跨产业组织间的技术融合。技术融合产生了大量创新成果，并已成为企业技术创新的重要动力之一。然而，技术融合过程中的研发成本却大大增加，并且，研发预算中用于知识产权管理的比例明显提高。其中，在技术密集型企业，5%以上的R&D预算被用于培养和保持商业保护权利。

在合作研发活动中，每个参与合作的企业都希望能够以最少的投入获得最大的产出，希望通过合作获得新的技术优势，Inkpen（1998）认为联盟形成的动机之一就是共同创建新的知识和进行知识转移，并认为知识资源互补是研发联盟形成的基础。Doz（1996）指出联盟的主要目标是学习及创造知识。但同时又必须进行适当防范，防止发生由合作导致的已有优势的丧失。知识产权的无形特性及合作研发环境的开放性，使得合作伙伴在进行分享、控制、保持、创造知识产权时往往会遇到阻力和障碍，所以合作研发活动的知识产权问题变得比较复杂。在进行合作研发活动的过程中，企业必须向合作伙伴提供那些难以通过市场交易方式获得的资源，如自有知识产权等，以保证合作研发的顺利进行。这样的资源共享是一把双刃剑，如果企业能够很有效、恰当地保护自身资源不受侵犯，那么企业通过合作研发能够获得新的技术成果和竞争优势；反之，如果保护不当，则有可能会丧失已有优势，合作失败。由此可见，合作研发中的知识产权问题是影响研发联盟稳定性的关键问题。目前，已有相关研究成果主要集中在知识产权风险的内容及其管理战略、联盟中伙伴间的知识产权冲突成因及其对策、联盟中企业知识资产的保护等方面。但是，系统的就知识产权风险对研发联盟稳定性影响进行的研究还比较缺乏，在影响因素、结构模型、作用机理等方面的探讨不足，并且需要进行相应的实证分析。

基于此，本书认为，非常有必要对研发联盟稳定性问题进行深入研究，尤其是必须专门研究知识产权风险对研发联盟稳定性的影响。

1.2　本书的视角和思路

本书基于知识产权风险的视角，综合运用交易费用理论、企业资源理论、价值链理论、知识学习理论、社会网络理论等原理与方法，对研发联盟稳定性机理进行深入探索与系统分析，并主要从以下几个方面进行思考与研究：

（1）明确研发合作中知识产权风险的内含与要素，并对研发合作不同阶段中知识产权风险的类型及其表现进行系统阐述；

（2）深入研究影响研发联盟稳定的要素，并建立研发联盟稳定性的要素示意模型；

（3）系统分析知识产权风险对研发联盟稳定性的影响因素，分析并归纳知识产权风险与联盟稳定性之间的逻辑关系；

（4）进一步深入分析知识产权风险对研发联盟稳定性的作用机理，并据此提出相关理论模型与假设；

（5）实证检验知识产权风险影响因素对研发联盟稳定性的作用机理，验证相关理论假设与模型；

（6）基于理论与实证分析，研究增强研发联盟稳定性的具体思路及可操作性建议。

本书试图整合并进一步完善研发联盟稳定性的相关研究内容，不仅深入研究知识产权风险的影响因素，而且对知识产权风险与研发联盟稳定性之间的关系进行系统性分析与设计，提出知识产权风险影响研发联盟稳定性的结构模型及其作用机理。在此基础上，对相关理论及假设进行实证检验。由此，本书可以系统地分析知识产权风险与研发联盟稳定性的作用，并认为知识产权风险从组织特性、知识特性、知识产权环境三个方面对研发联盟的资源整合有效度、协调管理有序度及关系相处亲密度产生影响。

1.3 本书的研讨重点

1.3.1 研发联盟稳定性结构分析

这部分内容旨在理解研发联盟稳定性内涵的基础上，分析研发联盟稳定性的基本特性，并以"物理—事理—人理"的系统方法论（即WSR方法论）为指导，分析并提出研发联盟稳定性的基本要素，从而形成研发联盟的稳定性结构。在此基础上，梳理研发联盟稳定性的具体方法与指标，为后续研究与实证提供工具性建议。

1.3.2 影响研发联盟稳定性的知识产权风险问题分析

这部分内容旨在分析影响研发联盟稳定性的最重要的风险，即知识产权风险。与已有基于法律视角探讨单个企业所面临的知识产权流失问题不同，本书从管理学角度出发，分析知识产权风险的内含、来源，并在研究知识产权风险与研发联盟稳定性之间影响关系的过程中，重点讨论知识产权风险的类别，以及各类知识产权风险的主要内容。

1.3.3 知识产权风险影响研发联盟稳定性的作用机理分析

这部分在前述研究内容的基础上，以具体的知识产权风险类型为自变量，以研发联盟稳定性的结构要素为因变量，深入分析各自变量对因变量的作用过程。在此基础上，梳理各要素间的影响关系与作用路径，提出相关理论假设与作用机理的框架模型。

1.3.4 知识产权风险影响研发联盟稳定性的实证分析

针对知识产权风险影响研发联盟稳定性的理论假设，这部分选取研发联盟的典型案例，针对前述理论梳理设计相应的测量表并最终形成调查问卷，在对问卷测量表进行效度与信度分析的基础上，验证企业间协调机制的作用模型，即分别验证知识产权风险类型对研发联盟的作用关系。

1.3.5 作者的观点与研究展望

针对前述理论分析与实证研究的成果，需要进一步考虑增强研发联盟稳定性的政策问题，这也是稳定研发联盟的前提与保障。这部分旨在通过构建增强研发联盟稳定性的系统框架，梳理需要考虑的各个具体问题，明晰实现过程中的重点环节，并就此提出相应的实现方案，从而较好地解决"如何增强研发联盟稳定性"的问题。

本书研究的技术路线如图1.1所示。

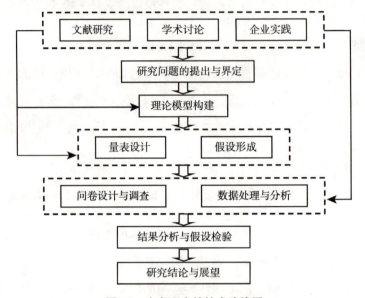

图1.1　本书研究的技术路线图

第2章

>> 研发联盟与知识产权风险的相关研究追踪

2.1 合作研发

2.1.1 合作研发的概念

1. 合作创新

随着经济全球化和信息一体化的快速发展，熊彼特（J.A.Schumpeter）在20世纪初提出了创新的思想，企业所处的生产经营环境都发生着巨大而且深刻的变化，企业逐步由竞争与分工走向合作与协调，形成合作与竞争共存的企业间关系，越来越多的专家和学者开始关注企业在技术创新和研发领域进行合作的现象。因此，国内外学者逐渐对合作创新进行关注和研究。

Fusfeld、Haklisch（1985）通过研究认为，合作创新是两个以上的企业为了实现共同的研发目标，分别投入创新资源而形成的"合作契约安排"，这种合作形式是获取市场前景不确定的、具有特定用途的、难以转移的资源所必需的组织工具。从作用方面来看，有些学者认为，合作创新是不同企业、不同知识和技能的融合（Hagedoorn，Schakenraad，1990；Hagedoorn，1990；Freeman，1991），或者，是降低创新风险和缩减创新成本的重要战略，以及企业获取外部知识和提升创新能力的重要途径（Bada-racco，1991）。从过程方面来看，合作创新是在创新过程中某一阶段所存在的其他创新行为主体的参与（Fritsch，Michael，Lucas，2001），或者是与其他组织合作，并且经过一系列步骤完成的新技术的开发和应用（Mat-tesich，Monsey，2001），也可以认为是组织间学习的"交织"过程，或是制度化和惯例化的过程（Jones，Macpherson，2006）。

中国学者傅家骥（1998）最早提出了合作创新的定义，即合作创新是指企业间或企业、科研机构及高等院校之间的联合创新行为。合作创新通常以合作伙伴的共同利益为基础，以资源共享或优势互补为前提，有明确的合作目标、合作期限和合作规则。合作各方在技术创新的全过程或某些环节中共同投入、共同参与、共享资源、共担风险、共享收益。合作创新主要集中在新兴技术和高新技术产业，以合作研发为最主要的形式。鲁若愚、傅家骥、王念星（2004）则提出，合作创新是指企业或大学作为技术创新的主体，为提高创新的成功率、降低创新风险、增强技术或资源积累等，通过多种途径和形式，合作参与技术创新全过程或其中某一阶段的联合技术创新现象。这里对创新主体的理解都较明确地指出了多主体的共同参与。从过程的角度来看，合作创新是指两个以上的企业（在多数情况下也有部分科研院所或高等院校参与）共同参与到一个创新过程中，由各个合作成员共同投入资源，并根据各个成员的付出分配创新的成果，然后再进行各自的差异化创新，由此，形成一种技术合作契约关系（郭晓川，1998）。也可以认为，合作创新是指相互独立的经济行为主体为开展技术创新活动而达成的技术合同，按照合同事先规定，在创新的不同阶段，各经济行为主体依据自身优势投入资源，并按照合同规定分摊创新风险，分配创新收益的合作过程（刘学，庄乾志，1998）。

较有影响的合作创新的定义见表2.1。

表2.1 较有影响的合作创新的定义

提出者	主要内涵	维度选择
Fusfeld，Haklisch，1985	两个以上的企业为了实现共同的研发目标，分别投入创新资源而形成的"合作契约安排"	企业主体，契约
Hagedoorn,Schakenraad，1990；Hagedoorn，1990；Freeman，1991	不同企业、不同知识和技能的融合	企业主体
Badaracco，1991	降低创新风险和缩减创新成本的重要战略，获取外部知识和提升创新能力的重要途径	作用
Fritsch，Michael，Lucas，2001	在创新过程中某一阶段所存在的其他创新行为主体的参与	过程
Mattesich，Monsey，2001	与其他组织合作，并且经过一系列步骤完成的新技术的开发和应用	过程
Jones，Macpherson，2006	组织间学习的"交织"过程，或是制度化和惯例化的过程	过程
傅家骥，1998	合作创新是指企业间或企业、科研机构及高等院校之间的联合创新行为	过程/行为
鲁若愚，傅家骥，王念星，2004	企业或大学合作参与技术创新全过程或其中某一阶段的联合技术创新现象	过程
郭晓川，1998	企业（包括科研院所或高等院校）共同参与的创新过程，形成一种技术合作契约关系	过程/契约
刘学，庄乾志，1998	相互独立的经济行为主体为开展技术创新活动而达成的技术合同	契约

2. 合作研发

合作创新具有不同于自主创新与模仿创新的优势，例如，自主创新的主要缺陷就是创新风险高、投入资源多、实现周期长、存在知识溢出等问题，而模仿创新是一种被动创新，创新效果不理想。企业进行合作创新，彼此可以分摊创新成本，并且共同分担创新风险，实现了资源共享、优势互补，缩短了创新周期，这将极大促进企业核心竞争力的提高（傅家骥，1998）。同时，在世界产业结构变化和世界经济的区域一体化发展趋势下，合作创新是企业适应这种变化的战略措施，并以研发为主要内容。因此，合作创新是针对研发进行的合作。

所谓合作研发是指由若干独立企业或（和）科研院所取得共同的创新目标而共享核心技术能力的联合知识生产行为。合作研发是一种研发的组织形式，可以通过减少研发者相互的技术风险，扩大研发者的知识范围，从而有效地克服市场失灵的因素。在合作研发协议的范围内，参与者可以通过借助于技术规范的统一、内部化合作研发协议范围内的知识元素，限制市场风险的程度。在一定程度上，合作研发协议也减少了各自重复研究和开发造成的巨大浪费，从而具有节约成本、缩短研发周期和提高研发效率的作用。合作研发的目的是为了有效率的实现产品创新或者工艺创新。合作研发中的产品创新是由研发合作的参与者共同以开发新的产品为目的，按照契约的约定所进行的联合产品开发。新产品面市的收益来自于新产品在市场上所处的遇到竞争产品以前所享有的短暂垄断地位而带来的非正常利润。对于工艺创新，研发者可以从两个方面得到激励：一是在价格保持不变的情况下成本降低导致更高的边际利润；二是在价格降低的情况下工艺创新可以赢得更高的市场份额。合作研发中产品创新和工艺创新的界限并非总是清晰的。新产品的生产经常需要对生产过程中的工艺技术、工艺过程进行优化和调整，因此，以产品开发为主的创新过程中包含了工艺创新，而在工艺创新过程中可能会涉及对产品属性的一些调整，这个过程又会激发新的产品原型的诞生，所以工艺创新的过程会蕴育着新的产品的产生，特别是在合作研发的过程中，参与者从产品创新和工艺创新的过程中学习到合作方的知识，既有利于自己的产品创新又有利于工艺创新。

3. 合作创新与合作研发的关系

合作研发与合作创新的概念经常出现在技术创新研究领域，但实际上，二者存在着差异性。从内涵方面看，合作创新具有广义与狭义两个方面的理解。广义的合作创新是指企业间或企业、大学及科研机构之间为了一个共同的技术创新目标，投入各自的优势资源，分工协作共同完成创新的行为。这种合作可以发生在技术创新的全过程，即从基础研究阶段开始合作，直至将产品推向市场，也可以仅仅某一阶段或几个阶段的合作，还可以是发挥不同成员单位的要素禀赋优势分别承担不同阶段创新活动的合作行为。狭义的合作创新则是指以合作研发（Cooperative R&D）为主的一种旨在开展技术创新的契约关系，是企业间或企业、大学及科研机构之间为了共同的研发目标投入各自的优势资源而形成的契约安排，即合作集中在技术创新过程的研究开发阶段（罗炜，2002）。

对于国内外学者关于合作研发概念上的分歧，首先，美国政府在1984年通过的国家合作研究法案（NCRA），出于反垄断考虑，将企业合作限制在产品和技术的原型开发阶段，以避免企业在生产与销售阶段的勾结行为和最终产品市场上的垄断；其次，西方发达国家企业的产业水平高，企业的技术创新合作倾向于创新前期的研发阶段，而后期的工业化、商业化阶段一般很少进行合作，因此国外学者对合作创新的研究一般只考虑技术研发阶段，而不多考虑合作技术创新的后期过程和其他内容的合作创新。

此外，在国内被普遍使用的相关度较高的概念还有技术联盟、研发合作与研发联盟。国外学者却很少使用合作创新这一概念。美国竞争力委员会使用了研究合伙（Research Partnership），Teece（1992）则使用技术联盟（Technical Alliance）。此外，国外学者们还会使用研发合作（R&D Cooperation）、研发联合体（R&D Consortia）等。由此可见，国内与国外学者对于合作创新内涵和外延的理解不同，所以使用了不同的术语。国外学者所使用的合作研发术语可以被理解为狭义的合作创新，即研发阶段的合作创新。由于本书研究主要聚焦在技术创新过程的研究与开发阶段，即狭义的合作创新，所以本书采用了合作研发的概念与内含理解。并且认为，合作研发、研发联盟以及合作创新这些术语的基本含义一致，只是侧重点不同，在本书中，除了明确指出的地方外，对上述提法不加区分并且可以交替使用。

2.1.2 合作研发的研究前沿

1. 合发研发的形成与发展

20世纪六七十年代，世界范围内企业的合作研发缓慢而平稳地增长，至20世纪70年代末，合作研发开始出现加速增长的态势。1979年，日本企业取得了美国16千比特DRAMs存储器42%的市场份额，并将其与美国的IC贸易差额从1979年的负12亿美元转化为1980年的正4亿美元。美国IC产业清醒地认识到他们必须设计一个全新的组织结构，以增强美国在全球半导体行业的市场竞争力。为此，美国政府为研发合作提供了较为有利的制度环境，1984年美国国家合作研究法案（NCRA）颁布："……促进研究与开发，鼓励创新，刺激贸易的增长，并对反垄断法的运作做出必要和适当的修正"。

20世纪80年代，以信息技术产业为代表的高科技产业的迅猛发展进一步推动了跨地区和跨行业竞争，也促进了高科技产业中企业间合作研发的出现。有数据表明，自20世纪80年代初以来，高科技产业中每年新增的合作研发占整个新增合作研发数量的50%以上，到20世纪80年代末已经达到80%以上，成为合作研发最为密集的领域（周珺，徐寅峰，2002）。企业间的合作研发被认为是提高企业竞争力的一个重要的途径，美国EIU（The Economics Intelligence Unit）对50多家跨国企业的调查表明，大部分企业在90年代所需的技术有一半左右来源于企业外部或与外部进行合作研发的结果；从微软、IBM、CE、西门子等公司的发展中也可以看出与外部企业进行合作研发对于企业自身发展的重要作用。Vonortas的研究表明合作研发主要集中在欧美日的企业之间，中国以及别的亚洲国家的合作研发非常少。对于中国企业而言，企业的研发资金不足、研究力量薄弱等缺陷极为显著，同时，企业之间普遍存在注重竞争而忽视合作的现象❶。

2. 合作研发的阶段

研发合作的初期阶段被认为是在研发合作发展中的一个非常重要的阶段，在这一阶段中，工作关系的质量被确定下来（Anderson，Weitz，1989；Sherman，1992；Doz，Hamel，1998）。合作伙伴之间的相互信任有效降低了交易成本的风险，提高了解决纠纷矛盾的能力，帮助企业适应合作过程中的变化（Ring，van de Ven，1992；Parkhe，1998b）。

Kelly、Schaan、Joncas（2002）的研究基于加拿大高科技产业的相关数据，从四个角度来评价合作研发形成初期所面临的困难和障碍：关系处理的角度，沟通、企业文化及企业扮演的角色；运作的角度，关于技术细节的操作问题，如技术转移及安排；战略部署及制定合作目标角度；合作的结果及合作中出现的问题角度。他们总结出合作关系的处理问题是合作伙伴在参与合作初期所要面临的最主要的矛盾。

参与研发合作的合作伙伴所造成的风险随着合作阶段的不同而不同。Enkel、Kausch、Gassmann（2005）研究了在研发合作中，由于客户整合而造成的风险，例如，技术诀窍的流失、对客户的依赖、渐进式创新与利基市场的局限性，以及合作伙伴相互之间的沟通不畅造成的误解。这些风险可以通过全面的风险管理加以减弱。技术诀窍的流失和所有权的冲突作为合作初期的主要风险，可以通过制定保密协议，制定技术诀窍清单以及关于创新阶段产生成果的协议等一系列办法来降低风险。并且，合作伙伴之

❶ 关于合作研发的统计资料主要集中在三个数据库中，分别是MERIT-CAIT数据库、CORE数据库、NCRA-RJV数据库，其中后两者主要集中于对美国企业的考察。

间所签订的协议必须随着合作阶段的深入而加以不断的调整，例如，保密协议必须在研发合作初期、在重要信息没有被披露之前签订。

3. 正式与非正式的合作研发

很多文献用广阔的视角研究了企业间正式的和非正式的研发合作（von Hippel，1988；Osborn，Baughn，1990；Hagedoorn，1993；Hagedoorn，Narula，1996；Granstrand，1998；Edler，Meyer-Krahmer，Reger，2002）。有文献指出，企业之所以选择合作研发，主要是由于技术难度的不断提高，以及创新的风险和成本的提高（Nooteboom，1999；Hagedoorn，2002）。Miotti、Sachwald（2003）对研发合作进行了研究，并发现企业对获取知识的需求是导致合作的主要原因之一，而合作伙伴之间的互补优势则成为研发合作的合作伙伴选择的主要标准之一。

此外，基于共同研发的正式的企业间合作是导致联盟形成的主要原因之一，特别是在高科技企业和新兴技术产业（Mowery，1988；Mytelka，1991；Hagedoorn，1993；Arora，Gambardella，1994；Colombo，1995）。此外，即使是在其他类型的产业中，如制造业，在其具备充分的吸收能力的条件下，研发合作这样的形式也同样可以对该产业产生积极的影响（Veugelers，1997）。对于信息通信技术产业，合作伙伴的技术组合越相似，他们就越容易相互吸收对方的才能（Santangelo，2000）。

4. 合作研发的内容

合作伙伴们为了弥补在创新过程中内部资源的不足进而寻求共同研发这样的方式，结合企业研发强度和开发新产品的趋势，来加强创新的输入与输出（Becker，Dietz，2004）。Narayanan（2002）指出由于合作研发是多个企业以共同创造新技术为目标，因此，无论是哪一种合作研发类型，企业间能够进行有效的知识交流和共享是前提保障。Parkhe讨论了四个方面：合作动机、合作伙伴的选择、合作的控制与管理以及合作结果的评价。

　　王安宇（2002）对相关研究进行了归纳，认为关于合作研发的研究主要集中在管理学和产业组织理论领域，两者的研究视角不同，但又相互补充。管理学对合作研发的研究主要集中在四个方面：伙伴选择、组织类型选择、组织的稳定性分析和组织的机制设计。产业组织理论对合作研发的研究主要集中在成员企业参与合作研发的动机以及合作研发的溢出效应、合作研发对社会福利的影响等方面。傅家骥（1998）较早完整地提出了合作创新的概念并给出了最初的研究框架。郭晓川（1998a，1998b）首先对大学和企业合作创新作出了较系统的实证研究、模式比较。李廉水（1998）、钟书华（2000）、李纪珍（2000）、周二华和陈荣秋（1999）从合作创新的组织行为和组织形式方面对合作研发进行了研究。李新春、顾宝炎和李善民（1998）、钟书华（2000）、蔡兵（1999）从技术联盟角度研究了合作研发的特征类型。苏敬勤（1999）、罗炜（2002）运用交易成本理论阐述了技术交易内部化对克服技术溢出的作用。鲁若愚等（1998）分析了产学研合作中政府的作用。穆荣平、赵兰香（1998）提出了产学研合作的有效性问题。吴贵生、李纪珍（2000）讨论了技术创新网络和技术外包的创新合作形式。许春（2004）用动态模型分析了企业学习效应对改变合作双方转移支付谈判地位的影响。张浩辰（2004）、周珺、许寅峰（2002）研究了企业研发合作动机和发展趋势。郭丽红、冯宗宪（2002）用产业组织的方法研究纵向研发合作联盟的博弈模型，并得出研发补贴上游企业并非最优策略的结论。

　5. 合作研发的动因

　　研发合作可能性大小是随着企业的规模以及企业研发的密集程度的增加而增加的，与市场份额并无太大关系（Negassi，2004）。Segrestin（2005）认为，要达成合作伙伴之间新的共同认识需要建立特殊的管理模型来制定共同的目标和集体的认同。Link等学者发现技术复杂并且更新越快的产业，企业间的合作概率就越大。Hagedoorn等认为为了降低成本和风险，企业才进行 R&D 合作，其中预期的结果未出现，研发进展速度太慢，或者所需要的资金超过预算都会成为合作研发的风险。Cohen 和 Levinthal 等人分析了企业研发合作的动机，得到的结论是，企业在获取互补性技术、市场机会、创新机会等方面的期望越大，则合作的动机相对来说就越大。Veagelers 等人得出企业规模与企业 R&D 合作正相关的结论。Pisano 等人认为企业规模和企业 R&D 不相关。Maria Luisa Petit、Boleslaw Tolwinski 比较了 R&D 竞争与 R&D 合作在溢出水平较高的情况下，会存在"搭便车"的现象，因为溢出较高时，R&D 合作有利于增加企业的 R&D 投入和社会福利；当溢出水平较低时，从社会福利角度来看，产品竞争与 R&D 竞争就是最优的产业结构形式；当溢出不对称时，促使弱势地位的企业加入研发合作，有利于改善社会福利。

总体来看，合作研发中存在着与交易成本有关的风险，例如，协调不同的组织制度和形式，安排互补的资产和资源，制定无形资产的转让价格，以及规范对共同研发结果的开发与款项划拨（Williamson，1989；Pisano，1990；Gassmann，von Zedtwitz，1999）。合作中的风险除了来源于合作伙伴转变为竞争对手、单向的知识流动等，还来源于对创新收益不同的收益回报预期（Helm，Kloyer，2004）。但同时，与风险并存的是机遇，即可以共同承担研发的成本，降低研发成本，同时也明确了经济规模和范畴（Campagni，1993；Robertson，Langlois，1995；Becker，Peters，1998）。

6. 合作研发结果的影响因素

相关文献在对于企业间研发合作进行研究时，主要从合作对于合作伙伴关系的影响角度进行研究（Geringer，1991；Glaister，Buckley，1999）。企业间研发合作能否成功主要取决于合作伙伴的类型以及创新技术的水平（Tether，2002），而 Belderbos、Carree 和 Lokshine（2004）指出进行合作的企业一般都是从事高水平的研发创新活动。Balakrishnan，Koza（1993），Hagedoorn，Schakenraad（1994）详细描述了研发合作对参与企业的影响。

一些更深入的研究归纳出大多数合作，例如研发合作往往是被嵌入一个更大关系群体中，并有着其特殊的目的（Levinthal, Fichman, 1988; Heide, Miner, 1992; Gulati, 1995a, 1995b; Saxton, 1997）。Becker、Dietz（2004）证实了产品创新与合作伙伴之间的关系，即随着合作伙伴数量的增加，产品创新的可能性也随着增加。

企业能否获得成功进行企业间合作的能力，主要看其之前所积累的参与合作过程的经验（Kogout, 1989; Barkema et al, 1997; Kale, Singh, 1999; Anand, Khanna, 2002）。企业通过之前参与合作所积累的经验越丰富，其拓展现存合作关系的能力越强（Park, Ungson, 1997），并且能够参与更多的合作项目，这些能力例如选择合适的合作伙伴的能力、选择恰当的时间参与合作以及如何管理整个合作项目（Oster, 1992; Gulati, 1995a; Powell, Koput, Smith-Doerr, 1997; Dyer, Singh, 1998; Hagedoorn, Carayannis, Alexander, 2001）。由于不断提升的内部能力，企业可以改善自身的企业形象及声誉，并且能够吸引更多的优秀合作伙伴（Powell, Koput, Smith-Doerr, 1997）。

对于企业间合作研发十分重要的另外一个因素就是合作伙伴之间的信任程度（Parkhe, 1998a; Kelly, Schaan, Joncas, 2002）。这样的伙伴相互之间关系型合作成功与否取决于合作伙伴之前相处的经验（Ring, van de Ven, 1992）。多重的互动以及合作伙伴之间过去保持的关系对合作关系的信任起到积极的影响（Gulati 1995b; Nooteboom, Berger, Noorderhaven, 1997; Saxton, 1997）。在合作伙伴之间，相互信任的程度也可以被制度化，从而对合作伙伴之间合作内容的扩展起到积极的作用（Zaheer, McEvily, Perrone, 1998）。

实际上，合作研发采取何种组织形式进行对其合作成效具有重要的影响作用，目前来看，研发联盟是合作研发的重要组织形式，因此，有必要对研发联盟的研究进行梳理。

2.2 研发联盟

2.2.1 研发联盟的概念

1. 战略联盟

理论上，战略联盟（Strategic Alliance）作为一个明确的概念，最早是由 DEC 公司总裁 J.Hopland 与管理学家 R.Nagel 共同提出的，并于 20 世纪 80 年代兴起的一种新的企业间组织。自此，学者们分别从不同的研究角度对战略联盟的内涵进行界定。

著名学者迈克尔·波特（M.Porter）（1985）在其著作的《竞争优势》一书中指出，战略联盟是指企业之间进行长期合作，它超越了正常的市场交易但又未达到合并的程度，联盟的方式包括技术许可生产、供应协定、营销协定和合资企业。并指出，"联盟无需扩大企业规模而可以拓展企业市场边界。"联盟的优势在于"克服了完全独立企业之间协调的困难，由于联盟是长期的关系，应该有可能比一家独立企业更加紧密地与一个联盟伙伴进行协调，尽管这并非毫无代价。"

Slahuddin（1988）指出，战略联盟是企业保持自身独立性的同时，为追求共同的战略目标而走在一起合作创造更多价值的特殊关系。日本学者 Yoshino（1995）认为，战略联盟是两个或更多个企业的业务的特定层面的连接，这一连接是一个商业伙伴关系，通过提供相互获得的技术、技能或产品而加强参与企业的竞争优势，联盟的形式多种多样，从非产权连接的市场长期合约到产权连接的合资企业。而 Teece（1992）认为，战略联盟是两个或两个以上的伙伴企业为实现资源共享、优势互补等战略目标而进行以承诺和信任为特征的合作活动。

从跨国公司的视角来看，战略联盟可以理解为跨国公司之间为了追求共同的战略目标而签订的多种合作安排协议，包括许可证、合资、R&D联盟、合作营销和双方贸易协议等（Culpan，1993）。西尔拉（Sierra）（1995）认为战略联盟是由较强的、在业务上具有竞争关系的公司组成的企业或伙伴关系，是一种竞争性联盟。邓宁（Durning）（1995）对战略联盟的描述为战略联盟可以采取股权分享的方式，如企业合并、合资新建，同时包括R&D伙伴、合作生产、共同营销和分配等股权形式。Gulati（1998）认为，战略联盟是一种社会网络，是企业之间的一种自发行为，目的在于通过协定关系形成排他性的企业进入壁垒，追求成员企业共同的经济利益和组织目标。威廉姆森（2002）认为企业联盟是介于市场交易和科层组织之间的边际状态组织，是一种对企业交易时契约不完备性的治理结构，是管理企业的一种特殊系统。

尽管理论界对战略联盟的理解存在一定的差异，但是对战略联盟的认识可以在以下四个方面达成共识：

（1）企业战略联盟的建立有相对明确的目标，双方的合作更多的是出于战略层面上的考虑，不是仅仅为了谋求短期或者局部利益。

（2）联盟企业之间是一种合作关系，超越了一般的交易关系，同时也不存在控制和被控制的隶属关系。双方在密切合作的同时，仍然保持各自的独立性和平等地位。

（3）联盟企业之间的合作并不一定是全方位的，可能在某些领域进行合作，而在其他领域又进行竞争，竞争与合作往往并存。

（4）联盟的出发点是为了"双赢"，需要通过合作获取大于各自"独立"或"对立"行动所获取的利益。

在归纳了国内外相关文献的基础上，本书认为企业战略联盟是指两个或两个以上企业，为实现资源共享、风险及成本共担、优势互补、扩大市场等战略目标，在保持自身独立性的同时，以股权或契约合作的方式结成的松散型合作竞争组织。

战略联盟自产生以来，随着实践的不断发展，出现了丰富多样的实现形式，学者们根据不同划分标准，将企业战略联盟分为不同的形式，见表2.2。其中，Glaister 根据企业战略联盟的合作领域不同，将企业战略联盟分为研发联盟、生产联盟和营销联盟三类。这一研究很清晰地说明了研发联盟与战略联盟之间的关系，即研发联盟是战略联盟的一种形式。此外，研发联盟是非股权非委托型合作研发组织，是狭义的技术联盟，若干企业为了共同的知识生产目标通过共享彼此的研发资源而形成的研发联盟。产学研战略联盟就是企业研发联盟的一种特殊形式。基于研发联盟与战略联盟之间存在这样的逻辑关系，在查阅文献时，也可以借鉴关于战略联盟的相关研究文献资料，为研发联盟的深入研究提供支持。

表2.2　战略联盟的分类

分类标准	分类内容
价值链位置不同（M.Porter，1985）	横向联盟、纵向联盟
战略层次（Michael. A. Hitt，R. Duane Ireland，Robert E. Hoskisson）	经营战略联盟、公司层战略联盟
成员的连接纽带（Bernard. L. Simonin）	股权式联盟、契约式联盟
成员之间的互动关系与潜在冲突	前竞争联盟、竞争联盟、后竞争联盟、非竞争联盟
范围、股权与合作伙伴数量（David Faulkner, Clif Bowman，1997）	集中联盟、复合联盟、合资联盟、协作、国际联合
合作领域（Glaister，1996）	研发联盟、生产联盟、营销联盟
组建动因（Lorange，1993）	联合研制型、资源互补型、市场营销型
目标取向	产品联盟、知识联盟

2. 研发联盟

研发联盟能够提供外部学习的机会，通过与联盟伙伴的互动学习机制，可以增加知识来源，同时提高组织创造知识的能力，并拓展特定的技术领域（Phan PH，Peridis，2000）。

研发联盟作为企业间具有战略意义的实施技术资源长期共享的一种有效方式，是指企业与企业或其他机构通过结盟的方式，共同创建新的技术知识和进行知识转移，是各种形式的企业联盟中最主要的实现形式之一。企业联盟行为之所以兴盛并成为一股新的潮流，是因为现今的企业联盟从形式到内含都注入了新的内容，虽然理论意义上的企业合作是一种全方位的合作，但是进入20世纪80年代以来，新一轮的企业合作是以技术合作为主体，着重表现在企业的技术创新合作行为上，企业合作技术创新正从双体短期合作走向多个企业的长期网络化合作，形成了稳定的研发联盟，尤其在以信息产业为代表的高技术产业领域，研发联盟已广泛地被采用。

由于当今技术开发的投资和风险巨大，单个企业往往无法独立承担，20世纪90年代以来持续不断的跨国企业兼并，很大程度上是为了增强技术开发实力，或者需要结成技术开发策略性联盟或者策略性技术联盟，以获得资金、信息和风险的承受能力（d'Aspremont，Jacquemin，1988；Jeroen Hinloopen，2000）。例如，欧盟已经计划在全球范围内获取智力资源。Narula，Hagedoorn（1999）的研究表明，研发协议占战略联盟协议的10%~15%，与20世纪80年代初期相比，几乎翻了一倍。据OECD资料显示，在1993—1995年间，美国与外国共同发明的专利所占比例从1985—1987年的4%提高到将近8%。在1998年，美国1000家大型企业盈利的1/3是来自于研发联盟，这一比例比20世纪90年代初翻了一番。在经济全球化、知识经济逐渐成为主导的时代背景下，企业竞争的知识观也是大势所趋，强调企业知识成为企业竞争的一项战略资产，企业研发联盟研究也受到了重视。

对于研发联盟这一概念的界定，由于各学者所研究的目的和范围都不相同，所以对研发联盟的定义和理解也不相同。经过对多个数据库的检索，如中国学术期刊网（CNKI）、万方论文库、Elsevier数据库、学术研究网站（国家科学基金会、UMI等），以及对战略管理、知识管理、研究与发展管理、科研管理等专业领域的相关中外文献的查阅，不难发现，学术界对于企业研发联盟这一概念还没有形成统一定义。研发联盟的概念往往与企业技术联盟（Technical Alliance）、企业研发合作（R&D）、研究联合体（R&D Consortia）、研究合伙（R&D Partnership）、产学研联盟（Consortia between Industry and Research Institution）、研发联合体（Research Joint Ventures）、合作技术创新（Cooperative Innovation）、战略联盟（Strategical Alliance）出现在同一个研究领域，研究者根据各自不同的研究范围以及研究目的，作出不同的阐释。另外，在我国的学术文献中，以"研发合作""合作研发""研发联盟""知识联盟"为关键词的学术研究较少。而以"合作创新""产学研合作""战略联盟""技术联盟"为关键词的学术论文数量相对较多。与此同时，使用相同的英文关键词对国外的研究文献进行检索，发现情况有所不同。检索结果表明，国外学者更多使用的关键词为"合作研发"（Cooperation R&D）、"技术联盟"（Technical Alliance）、"战略联盟"（Strategic Alliance）等，而研发联盟一词却鲜有使用。

其中，Dinneen（1988）把研发联盟定义为由两家或两家以上的企业组成，共同进行研发工作并共享研发成果的过程。Hagedoorn、Narula（1996）认为研发联盟包括两个以上的竞争企业，将他们的资源进行整合，产生一个新的合法个体以从事研发。Mothe、Queilin（2001）简单地将研发联盟定义为企业间为了共同目标（如开发新产品、过程创新等）而进行的合作计划。国内学者李东红（2002）将企业研发联盟定义为，企业通过与其他企业、事业单位或个人等建立联盟契约关系，在保持各自相对独立利益及社会身份的同时，在一段时间内协作从事技术或产品项目研究开发，在实现共同确定的研发目标的基础上实现各自目标的研发合作方式。纵观已有研究成果，我们认为，研发联盟是指企业为提升技术创新及产品开发能力，在保持各自相对独立的利益及社会身份的同时，通过共建研发实体或契约协议与外部组织机构建立的优势互补、风险共担、利益共享、长期合作的关系。企业在一段时间内合作从事技术或产品项目研究开发，是在实现共同研发目标的基础上实现各自目标的研发合作方式。这里的外部组织机构包括其他企业（甚至是竞争对手），也包括大学、科研院所等研究机构。

2.2.2　研发联盟的研究前沿

1. 研发联盟的发展历程

进入20世纪80年代以来，经济的不断发展，技术的不断进步，新一轮的企业合作是以技术合作为主体，着重体现在企业的技术创新合作行为上，注重结成以研发联盟的实现形式进行研究开发。企业间的合作创新开始从两个企业之间短期合作走向多个企业之间的长期网络化合作，并逐渐形成了研发联盟，尤其在以信息产业为代表的高技术产业领域，研发联盟这一合作形式被广泛采用。生产实践上的需求变化，使得研发联盟成为了企业间具有战略意义并且对技术资源进行长期共享的一种有效方式，从而引起了学者们的浓厚兴趣，对研发联盟开展了深入研究。

Yukio Miyata（1996）认为研发联盟正是为了适应这些变化而产生的一种组织创新、制度创新和管理创新，既能够满足企业对人才的需要，又能够满足人才本身自我价值实现的高层次需求的新型组织。研发联盟（Research and Development Union）的雏形是1917年在英国建立的"研究协会"（Research Association），当时组建这一研究协会的目的是为了解决第一次世界大战期间产生的各种技术问题，并试图克服技术研发中的资金匮乏发困境。研究协会采取以行业为单位、主要有中小企业参与的组织结构，组成永久性联合体。逐渐地，这样的合作性的研发组织开始传播到欧洲大陆及美日等国家，并得到了不断的发展与完善。1961年，日本政府出台了《开采与制造业技术研究联盟法案》（*Mining and Manufacturing Industry*

Technology Research Association），许多专家、学者及企业家都认为这样的合作经济环境能够带来竞争优势。

随着国际竞争的日益激烈，在20世纪80年代，一些发达国家出现了明显的技术转移现象。在美国政府出台国家研究法案（NCRA）之前，企业之间的研发合作并没有规范的法律法规来进行评估与指导，因此，当时许多企业都不愿意加入合作研究活动中来。NCRA的出台，阐明了研发合作的评估方式，保护了已注册的研发联盟不受反垄断法的束缚，降低了研发联盟在违反《反托拉斯法》时所造成的赔偿金额。在1993年，NCRA进行了修订之后，明确提出合作企业很可能在达到同等效率作用的时候不会导致合并并造成反竞争效应。NCRA的制定，大大提高了美国研发（R&D）活动的效率，促进了美国经济的再次增长，巩固了美国在世界经济中的领先地位。同时，欧洲也进行了一系列改革，欧盟竞争法为研发联盟提供了集体豁免，此外，欧盟还设立了一套框架项目，投资数亿欧元用以支持研发联盟。全球以发达国家为首发展研发联盟的浪潮声势浩大，如日本的VLSI项目（超大规模集成电路）、欧盟的ESPRIT（欧洲信息技术研究开发战略计划）及EU-REKA（欧洲研究协调机构）等。据统计，美国、日本、欧盟占全球企业研发联盟的90%以上，并已经取得了很多成功经验。

2. 研发联盟的知识观

从知识的角度看，Ring（1996）首先提出学习成本的概念，指出合作关系有利于降低学习成本，合作是一种低成本的学习机会。对许多潜藏性的知识而言，也许市场根本就不存在。知识产品市场失灵，一是因为知识在某种程度上具有公共产品特征。如知识在转让使用权的同时并不转让所有权，某些知识的使用也不具备排他性。企业生产知识需要消耗资源，例如，为了获取专利技术和技术诀窍，企业必须进行研究开发投资。为了实现利润最大化目标，企业知识多潜藏于组织内部，具有明显的商业化特征，其转移多采取某种内部化经营的形式，因为知识在组织内部转移不会花费多少成本。二是因为知识产品的交易成本较高。由于信息不对称、机会主义行为及不确定性的存在，使得知识产品难以遵循市场价格机制进行交易。所以研发联盟属于半内部化经营模式，其目的在于克服知识产品市场失灵。

企业知识的来源主要源自企业内部与外部。来自企业内部的知识，即企业自己投入资源生产出知识，如技术知识、决策常规程序。这种自力更生策略有其局限性，需要花费较长的时间和资源。在目前注重专业能力、产品生命周期缩短、竞争极为激烈的市场经济环境中，企业若希望完全依靠自身的实力获取关键性的资源、能力以及技术，是相当危险的。随着全球经济的不断发展，全球范围内创造出的潜藏性知识将越来越多，若一家公司试图通过采取自力更生的策略来获取所需要的全部知识，将日趋困难。来自企业外部的知识，主要是指来源于市场交易、合并与收购企业、战略联盟等。利用市场交易进行知识转移存在道德风险，当企业打算从别的企业那里获得隐性知识时，其自身的员工必须和对方有直接的、密切的联系，允许其员工、装备、构思甚至文化等超越企业的疆界。在这种情况下，仅仅依靠市场交易，潜藏性知识就无法被顺利转移。有些企业为了获取新的知识，去并购其他具有其所需能力和知识的厂商。这种并购策略也存在缺陷，有时并不能实现。例如，某家企业是无法买下拥有某些新知识和新能力的大学实验室，此外，企业本身的经济实力及管理能力也是有限的，即使并购存在可能性，但也会因此破坏企业的凝聚力、信任感及创业精神。因此，从经济学的成本收益角度出发，研发联盟是企业获取新能力和新知识的最佳形式。

研发联盟的战略目标明确，组织形式灵活，并且能够创造潜藏性知识移动的条件。与并购相比，并购是将所需能力先买进企业内部，然后再在内部消化学习，这种方式的成本较高并且可能由于对方对并购的抵触而不易成功。研发联盟类似于建立了一个"学习基地"，通过一种合作关系实现学习，其选择余地比较大并且容易操作，因此，研发联盟能够大大降低企业学习成本，是进入企业核心知识层、获得核心能力的基本手段与工具。

3. 研发联盟的综合性动因

学者们对研发联盟产生的动因及其影响因素有着持续的关注和研究。目前，关于研发联盟形成的动因，普遍的观点主要有成本分摊、外溢内部化、企业规模和产品的不对称性等。企业加入研发联盟，主要是希望通过学习新的知识来增强自身的核心竞争力。对于联盟中合作伙伴的选择，也是着眼于知识的可获得性。如果一个合作企业没有自己所需要的知识和能力，那么研发联盟就不会形成。具体的相关研究有如下。

Badaracco（1991）指出，战略联盟有两种不同的联系方式：围绕零部件供应、从成本最小化角度发展起来的产品纽带；以知识纽带为基础的、以知识的学习和创造为知识纽带的主要特征。在研发联盟中，知识的创作、传播与利用是联盟的主要内容。因此，从组织间联系的内容这一角度出发，研发联盟是一种以知识活动为基础的合作关系，是组织之间动态的知识联系，其中包含着组织之间的知识传递、分享、整合等知识互动过程。Kim、Chang-Su（2002）通过研究发现，联盟能够使成员学习的动力大大加强。Hamel、Prahalad（1989）研究发现了合作伙伴间相互学习对方的知识是企业加入研发联盟的主要目的和重要动因。Badaracco（1991）认为企业间的隐性知识无法通过市场交易的方式获得，必须通过合作交换得到。研发联盟为企业创造了一个便于技术合作、知识共享的有效环境，通过知识内化、技术交叉、人员交流，将技术创新知识有效移植到各成员企业中去，进而强化或更新企业的核心技术能力。

Roller、Tombak、Sieber（1996）认为大企业比小企业有更大的动机去投资研发（R&D），并且，大企业为了增加市场势力，不愿意与小企业组建研发联盟。Mihke（1997）等分析了企业参与研发联盟的动机和研发联盟形成的决定性因素，提出的观点有：①将与研发相关的外溢内部化（即防止"搭便车"问题);②通过分担研发支出来节省成本(即避免重复开发)。并且得出一个关键结论:当研发R&D成果外溢到其他公司时,私人再进行研发的动机就会减少,出现搭便车效应。如果企业间形成研发联盟,外溢就会被内部化,有效的研发投资就会增加,福利就会提高。同时,与搭便车效应相比,分摊研发成本的同时会导致公司级别的研发投资减少。所以,对于成本分摊和搭便车效应最终谁能够起到主导性作用,要取决于行业本身和研发联盟的规模大小。但是有关数据表明,作为形成研发联盟的动因,研发成本的分摊显得更为重要。Herman、Marin、Siotis(1999)再一次论证了外溢是研发联盟形成的重要因素,市场集中程度对于研发联盟的形成也起到积极影响,市场集中度促进了外溢的内部化,降低了市场竞争强度。该研究提出了研发联盟形成的主要原因是"大企业现象",即研发联盟主要是在大型企业之间形成的。

Navaretti等(1999)就什么样的企业会更有可能选择组成研发联盟。该研究认为,生产互补型产品的企业更有可能进行合作。合作伙伴之间的不对称性是企业加入研发联盟的主要动机之一。欧盟委员会对其资助的一些研究项目所组建的研发联盟的动机、战略及产生的成果进行了一次权威的调查(Caloghirous,Vonortas,2000)。调查结果显示,企业加入特定研发联盟的主要动机有:建立新的联系;获得互补资源和技术;获得创新技术;与主要的技术发展保持一致;研发成本的分摊。Vonortas(1997,2000)指出企业参与研发联盟是为了筹集更多的研发资金或更好地补充自身的资金供应量,同时可以获得互补资源,利用研发的协同作用,创造新的投资选择。

Yannis Caloghirou等(2004)认为企业参加研发联盟的动机主要有:分摊研发成本;分担研发风险;降低研发的不确定性;减少重复研发,将外溢内部化;保持研发投入的连续性和融资渠道的畅通;获得互补资源与技术的途径;研究的协调作用;现有资源的有效配置,进一步开发资源基础；技术标准的提升；拉拢竞争力；法律与政治上的优势。

Lars-Hendrik Roller 等（2005）对企业是否参与研发联盟进行了研究，并指出三个能够促进研发联盟形成的条件：①研发外溢产生了搭便车的现象；②合作进行研发能够节约研发成本；③企业间生产的产品是互补且同质的。此外，该研究认为，决定企业是否进行合作组成研发联盟的主要因素有企业规模的大小、研发联盟中成员数量的多少、企业所处行业的属性、研发联盟的形成对研发投资条件及环境的影响等。研究还发现，经常参与研发联盟的企业不太可能再去参与其他的研发联盟，企业规模越相似，就越有可能形成研发联盟。

我国学者刘凤艳（2003）也对企业参与研发联盟的动机进行了完整的归纳：①为了获取某种技术。如果企业所需要的某种技术在公开市场上难以得到，就会与拥有该技术的企业签订企业，如技术许可证或合作协议来取得所需技术；或者通过结盟，把其他企业拥有的而企业没有的技术捆绑在一起，共同研发新产品。②获得战略资源。研发联盟创造了一个分享知识的环境，使企业容易接受新技术并能够在企业内部顺利转换。

4. 研发联盟的基本特征

David T. Robison（2001）研究指出，越是高技术、高风险的企业越是倾向于通过联盟的方式实现企业目标。Smilorand Gibson（1991）认为，联盟为有效的技术转移提供了一个新的形势，并且技术转移已经成为研究开发合作组织成败的关键因素。Kogut（1988）指出，不仅仅因为市场的道德风险，还由于基于长时间经验累积之上的个人和组织的专业资本，使得合资等技术联盟形式成为一种次优的知识转移和交流的治理结构。Inkpen（1998）把通过知识联盟转移的知识称为"联盟知识"，这种知识不通过联盟就无法接触或获得。企业知识是一种组织知识，这类知识主要包括技术、管理知识和组织常规程序。根据知识的可转移性，企业知识可分为两类：一类是显性的可移动性知识，这类知识存储在体积小、容易移动的媒体之中，如书本、公式、机器及个人脑海里；另一类是潜藏性知识，这类知识存在于组织内个人的专业技能、团体的特殊关系之中，也存在于特别的规范、态度、信息处理以及决策程序之中。企业的边界对潜藏性知识的移动有重大的约束作用。企业研发联盟强调的是通过结成联盟从其他机构获取潜藏性知识，或者和其他机构合作创造潜藏性知识，以学习和创造知识作为联盟的中心目标。因为潜藏性知识具有战略价值，它可以使企业获得长久的能力和技术，获取更多的垄断租金。Glaister（1996）把企业战略联盟按照合作领域的不同分为研发联盟、生产联盟和营销联盟三类。在本书中，将采用这样的分类方法，对研发联盟进行研究。因此，与其他类型联盟相比，研发联盟具有以下特征：

（1）研发联盟的主要目标是学习及创造知识。联盟成员必须具有互补性的技术资源，联盟成员必须能够提供无法由任何成员独自提供的资源，而如果这种技术资源不具备互补性则无法成为最佳的合作对象。这是研发联盟区别于生产联盟的本质特征。研发联盟可以协助某一企业从其他企业那里学习到专业化的能力，协助某一企业与其他企业进行合作创新潜藏性的知识，也可以使某一企业协助另一企业创造新的能力和技术，从而使得双方都能从中受益。

（2）研发联盟的合作伙伴之间的关系比其他联盟形势要更加密切。为了使联盟企业能够学习、创造和改善专业化能力，各个结盟企业的人员必须在一起紧密合作。如果企业间的合作仅仅是简单的知识转移，那么这样的合作还不能算是研发联盟。

（3）研发联盟的成员涉及范围较广。生产联盟通常是与竞争者或潜在的竞争者进行合作，而研发联盟的合作伙伴可以是任何组织或机构，只有它拥有专业的能力，对合作可以有所贡献。例如，与顾客及供应商进行合作，可以共享技术并创造新知识；与高等院校、政府及科研院所进行合作，可以共同开发新技术、新产品。

（4）研发联盟在战略方面也与其他联盟形势有所不同。组成生产联盟是防御性的战略，通过分散在全球各地的合作伙伴，提高产品生产效率，增加市场占有份额。而研发联盟则具有战略性和进攻性，目的在于扩大和改善企业自身的核心竞争力。

必须注意的是，研发联盟特征最为集中的表现是该联盟是否具有较好的稳定性，稳定性较差的研发联盟将使得合作研发趋于失败。因此，对于研发联盟的关注，应聚焦于研发联盟的稳定性研究。

2.3 研发联盟稳定性

2.3.1 研发联盟稳定性的概念

稳定性在自组织理论中是指动态系统中的过程（包括平衡位置）相对于干扰表现出自我保护的能力，从而使得事前处于不稳定状态的系统向它的均衡值运动（即所谓的"均衡稳定性"问题），以及当事前处于稳定状态的系统，在受到某种干扰时，其平衡状态依然得到维持的特征。按照自组织理论，稳定性一般涉及静态稳定性和动态稳定性两种情况，前者表明，作用在系统上的势力有助于使系统向均衡点方向演进，但它不能表明系统会随着时间进程而收敛于均衡状态的问题。根据稳定性理论这一基本思想，就可以确定出研发联盟的稳定性问题所涉及的最根本的内涵，即在一个没有权威的利己主义系统中，如何才能使构成系统的各个单元或子系统产生永久性的合作。

自组织理论直观地对系统的稳定性做出了描述，然而，研发联盟本质上是协调资源配置的一种制度，因此，其稳定性还可以从制度均衡的角度来进行分析。新制度经济学的研究表明，制度自身的特征要充分体现出来，并有效地发挥功能，必须是处于均衡状态的制度，即制度均衡。制度均衡就是行为主体对既定制度安排和制度结构的一种满足状态，一项均衡的制度必须能够保证决策个体合理的利益，从而任何个体都没有摆脱制度状态的激励，否则就难以保持个体对制度的满足状态。此外，一项均衡的制度必须能够约束个体效应最大化行为，使个体利益行为与公共利益不相违背，否则该项制度就难以形成或维持。因此，制度均衡必须是帕累托最优状态。如果从博弈论的观点来看，制度均衡必然是一个纳什均衡。均衡制度的概念揭示了激励相容的制度设计本质，是机制设计的根本原则。

20世纪90年代以前，联盟的不稳定被视为联盟的解体或者清算（Kogut，1989）。随着联盟过程性特征越来越受到学者的重视，国内外学者对联盟的不稳定性重新进行了界定。Inkpen（1997）认为联盟不稳定是指"联盟过程中非计划内的联盟目标、联盟契约和联盟控制方式等方面的变动以及联盟的解体或者兼并。"Yan、Zeng（1999）认为战略联盟不稳定性是指在一定程度上改变战略方向，重谈联盟协议，重构联盟所有权或治理结构，改变联盟与母公司的关系或母公司之间的合作关系等影响联盟绩效的重大行为。Jiang、Li、Gao（2008）指出，联盟稳定性是动态变化的，不同合作伙伴对联盟稳定性的理解不同：一方面联盟稳定性代表了联盟合作成功；另一方面，也需要反映联盟局势的演变和发展过程，他们认为联盟稳定性是指"在合作伙伴之间共同分担收益与风险的有效的合作关系基础上，联盟可以成功地运行和发展"。蔡继荣、郭春梅（2007）从专业化理论视角研究了联盟稳定性，指出联盟的稳定性是由企业对于专业化水平和协作模式选择的动态决策过程所内生的，联盟的稳定性边界取决于投入联盟的资产专用属性、市场交易的效率和交易价格比以及战略内部的交易效率。

以研发联盟合作企业间关系的紧密程度以及知识共享强弱程度为依据，可以将企业间合作状态进行分类。目前，业务外包和知识/技术互换等方式在企业间合作中得到了较多的运用，同时，也存在着购买专利以及一方出知识或技术而另一方出资金的合作方式，这些合作方式下参与合作的企业比较宽泛，合作企业间的关系比较松散，各企业间表现出很大的灵活性和自主权，并形成一种共享合作的氛围。而在在开放式创新模式下，联合设计、共同研发业已成为企业间合作的主要方式，企业在这一合作过程中共享各方资源，从而形成企业间较为紧密的团队型合作。在该类型合作中，企业间虽然呈现为了完成合作目标而共同努力、进行知识创新的态势，但彼此间并非完全对称平等的关系，基于不同的关系结构和资源禀赋，合作团队的主导权力会在成员企业间漂移和流动，并包含着向某一企业主体集中的萌芽。当这种集中的趋势使得合作中的某企业充当了合作领导者的角色时，企业间关系表现出较高程度的紧密性和正规化趋势，从而使该模式比较接近于组织的内部一体化。

可见，研发联盟的稳定性由于合作内容的差异以及合作方式的变化而有不同的表现。结合前述自组织的相关理论，研发联盟可以是一次性的合作，虽然合作中会有一些矛盾与风险，但并没有达到突变的程度，因此联盟是具有稳定性的；研发联盟的合作也可以是多次或长期的，此时，相对于联盟合作的目标利益，合作中矛盾的力量明显减弱或更容易解决。总体上看，研发联盟的稳定性是一个相对的概念，在没有产生突变或触碰目标利益的情况下，研发联盟就具有稳定性。

2.3.2　研发联盟稳定性的研究前沿

关于联盟稳定性的研究始于20世纪80年代初，可以大致分为三个阶段：早期阶段、起步阶段、发展阶段。

第一，早期阶段。在20世纪90年代之前，学术界开始注意到联盟的不稳定性，对联盟稳定性的研究主要是以跟踪调查和统计分析为主。Bleek、Ernst（1991）对全球战略联盟的跟踪调查表明成功的战略联盟只有30%左右，大部分战略联盟最终走向了并购或解体。其中代表性的研究有Franko

（1971）、Killing（1983）、Casseres（1987）、Kogut（1988）等。这一阶段主要是通过实证研究的方法得出联盟会比独资企业更加不稳定，文化差异、企业规模以及与母公司的关联程度对联盟的稳定性都有着重要影响，但是，缺乏针对联盟不稳定性的深入研究。

第二，起步阶段。介于20世纪90年代初至90年代末之间，以探寻导致联盟不稳定的原因为主要研究方向，分别从交易费用理论、博弈论以及资源困境理论等视角对联盟不稳定性进行了研究。Hennart（1991）基于交易费用理论对联盟的合作成本进行了分析，指出内生交易费用的存在使得战略联盟比完全拥有所有权（直接投资或并购）更有可能失利，该理论反映了投入资产对联盟稳定性的重要性。Madhok、Tallman（1998）将交易费用和资源基础理论相结合，进一步考察了联盟的不稳定性，但是却忽视了联盟伙伴选择、联盟结构安排等相关因素对联盟稳定性的影响，其对内在信任的强度也无法对联盟稳定性做出全面的解析。Parkhe（1993）对联盟合作冲突的博弈分析则更强调联盟成员的选择决策和利益分享，通过"囚徒困境"的博弈矩阵来揭示联盟失败的原因，并指出重复博弈对于解决战略联盟困境的缺陷所在。博弈论以理性决策主体之间的交互影响为研究对象，并试图从所有的个人策略选择中内生出一种制度结构，能够很好地揭示联盟中的合作冲突。但是，博弈论关注的是均衡点的稳定性，而联盟主要是"域"的稳定性，因而不能揭示出联盟稳定性的边界。

Spekman（1998）等人对战略联盟的研究做出了经典综述，并指出联盟稳定性研究的不足和必要性，使该领域的研究有了重大突破。在此期间，Inkpen、Beamish（1997）对战略联盟的不稳定性做出了精确的界定，指出战略联盟的不稳定性是为其中任何一个或几个联盟成员所始料未及的联盟解体或重组，强调了联盟不稳定性是合作关系的内生结果，从而将环境变迁等外在因素导致的联盟成员共同认知的联盟解体或重组排除在不稳定性内涵之外，并且将联盟的不稳定归结为成员企业间的谈判能力改变的结果。由此可见，此阶段的研究仍然停留在解释联盟不稳定性的成因层面，并没有形成实质性的、较为系统的联盟稳定性研究成果和理论框架。

第三，发展阶段。进入21世纪之后，联盟的稳定性问题成为理论界所关注的热点，这一阶段主要以理论分析和实证研究为主。例如，Yan、Zeng（1999）对战略联盟不稳定性研究做出了系统综述，不仅对战略联盟不稳定性研究进行了全面的回顾，还对相关研究的不足提出了批判，为未来的研究指明了方向，对战略联盟稳定性的研究具有基础性的贡献和重要启迪。Yan、Zeng认为，竞争合作战略中的稳定性问题是一个必须加以重视的问题，但是早期的研究将联盟的终结或成员之间所有权结构的改变看作是不稳定性，并简单地以结果导向型的思路来认知联盟稳定性，并没有把联盟不稳定的分析建立在过程导向的基础上。另外，他们认为之前的研究集中于统计实证分析，过多地关注于结果的反映，如出售、清算、破产等，而忽略了稳定性或不稳定性的动态性发展。他们基于前人对影响战略联盟稳定性因素的分析，从内在合作冲突、文化差异、控制权结构、成员特性和外在环境等方面做出了概括，并且指出了未来相关研究的方向，即对联盟稳定性的研究应该是动态的、中性化的、多维度的。Das、Teng（2000），Kabiraj、Chowdhury（2007）等人将理论分析与实证研究相结合，提出了如何管理和提高联盟稳定性的对策，得到的研究成果极大地促进了联盟稳定性研究的快速发展。

具体来看，对于研发联盟稳定性的研究，涉及以下三个方面。

1. 研发联盟稳定性的影响因素

由于研发联盟是由多个组织组成，各成员企业之间是相互独立且相互竞争合作的关系，因此，具有不稳定性。Das、Teng（2000）认为研发联盟中的合作与竞争、结构刚性与战略灵活性及短期目标与长期目标这三对矛盾演化导致联盟的不稳定。Ernst、Bamford（2005）用时间经验证明结构刚性是研发联盟不稳定的真正原因。

研发联盟在运营过程中，契约的签订、利益的分配、文化的差异和相互信任的程度都会导致联盟的不稳定性。Gill、Butler（2003）通过对两家日本企业在英国和马来西亚的跨国合资企业进行案例分析，认为稳定的关键因素包括信任、冲突和依赖等。Perry（2004）在技术不确定环境下探讨了信任和承诺对联盟终止的影响。Hagedoorn（2002）认为如果联盟技术创新所需要的技术知识过于先进，联盟成员难以将技术迅速转化为生产力。Marjit、Chowdhury（2004）提出如果联盟成员不能获得预期的技术资源，则会导致联盟被提起终止。Nakamura（2005）通过实证研究指出，随着时间的推移，组织间的知识学习可以改变合作伙伴的相对议价能力，这种改变往往会导致联盟重组所有权。Gil、Passino（2006）采用Shapley值法分析合作资源分配的公平性对战略联盟稳定性的影响。Ojah（2007）研究了成本效益、评价效应及长期经营效益对战略联盟稳定性的影响。Jiang、Li、Gao（2008）在总结前人关于战略联盟稳定性与不稳定性研究的基础上提出来战略联盟四阶段概念框架，并分析了每个阶段可能存在的稳定性影响因素，如图2.1所示，其中关系管理包括承诺（Commitment）、相互依赖性（Interdependence）、相互信任（Mutual-trust）和冲突解决方法（Conflict resolution）。

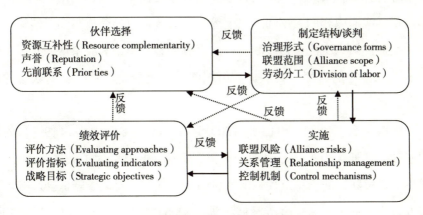

图2.1　联盟发展过程中的稳定性影响因素

2. 维持联盟稳定性的条件

国内外的学者们通过对联盟稳定性和不稳定的实证研究、案例分析及实践经验的探索和研究，总结出了针对不同情况下维持联盟稳定性所需的条件：

Das、Teng（2000）提出了合作与竞争、结构刚性与结构灵活性以及短期目标与长期目标这三对作用力内部平衡控制方式，他们认为这三对作用力之间的相互均衡可以使联盟运行稳定，如果某种作用力占据了主导地位，就会导致兼并或解体的发生。Bierly、Coombs（2004）分析了在新产品开发不同阶段所组成的战略联盟的稳定性，对相应的治理结构进行了讨论，指出五年内少数股东权益联盟会比合资企业和非股权联盟更容易遭到终止或解散。另外，在产品研发中期所组成的联盟会比产品研发早期和晚期阶段所组成的联盟更有可能发生并购。Daellenbach、Davenport（2004）提出战略联盟必须能够满足以下条件才能够存在并稳定：两个或多个企业联合致力于一系列目标；各方在联盟后保持独立性；合作企业分享联盟的垄断租金并控制特定业务的绩效；合作企业拥有一个或多个核心资源，如技术、产品等，并利用这些资源为联盟的稳定做出贡献。Lin（2007）采用多因素分析和线性结构关系模型对六大高新技术产业的109个样本进行分析，研究了知识转移与战略联盟的互动机制，指出组织间的互动质量（沟通内容的频率和透明度等）的改善可以显著提高知识转移的效率，而显性知识交流、物质激励（如薪酬调整、奖金和股票认购）以及较强的组织学习能力都有利于提高组织间的互动质量，从而提高联盟的稳定性。

国内学者任声策、宣国良（2005）在Sinha、Cusumano（1991）的模型基础上，通过引入学习因素，对合作企业之间互补因子做进一步分析，解释了研发联盟的不稳定性，即学习因素导致的互补因子降低会影响合作双方合作时间的延长。夏天、叶民强（2006）指出在不对称信息条件下，联盟成员之间为了能够维持长期合作，联盟双方应加强沟通，以消除联盟双方对客观自然状态产生的心理预期差异，并运用不完全信息有限次重复博弈声誉模型（KMRW）以及贝叶斯法则讨论了双寡头企业战略联盟的稳定性问题，指出企业会为了获得长期利益最大化而放弃短期利益，进而建立并保持长期稳定的战略联盟。陈菲琼、范良聪（2007）基于辩证法中的矛盾原理与 Das、Teng（2000）中提出的内在张力框架，深入探讨了影响战略联盟稳定性的张力之一，即合作与竞争，并利用调查所得的数据进行了实证检验，指出战略联盟的不稳定性将随着联盟内合作与竞争力量之间差异程度的扩大而上升，并且指出，长期、稳定的联盟是可以建立的，其中一个必要条件就是联盟的参与者和管理者要平衡好联盟中的合作与竞争者一对张力。蔡继荣、胡培（2007）从资产价值和交易效率两个维度对战略联盟稳定性进行了分析，指出战略联盟的稳定发展，是以较高的投资成本和市场交易费用，以及较低的联盟内生交易费用为条件的，如果直接投资或并购的成本下降，市场交易费用降低，或出现合作冲突，战略联盟就不会稳定。

3. 提高联盟稳定性的对策

关于提高联盟稳定性的对策措施，国外学者的观点主要有：Gill、Butler（2003）以研究个案的方式探讨了日本在英国和马来西亚的战略联盟不稳定的原因，提出只有增进联盟成员间的信任、减少成员间的谈判冲突和技术资源的依赖性才能够促使联盟的稳定和有效运行。Nakamura（2005）提出通过提高联盟成员的议价能力和学习能力来改善战略联盟的稳定性。Birnbirg（2006）从绝对与相对投入的程度、回报的对称性、双方的信任程度、不确定性的大小、形成关系的时间长短等五个方面对联盟稳定运行的措施进行了研究。

国内学者也对提高联盟稳定性的措施和对策进行了研究，主要观点有：单泪源、彭忆（2000）根据战略联盟成员合作与不合作时收益相对关系，分析了四种不同收益结构下多企业战略联盟博弈的特点及其稳定解集，对不同情况下企业应采取的对策提出建议。李瑞琴（2005）研究了怎样可以提高联盟稳定性，认为以下五个方面能够增加联盟的稳定性：提高联盟成员在资金、技术等方面的前期投入能够有效地向对方表明合作意愿；提高联盟成员背叛成本能有效地减少背叛动机；帮助联盟成员树立长远战略眼光能实现联盟成员之间的合作；提高技术创新的成功率能够坚定联盟成员的信心；收益分配比例应该保证各个成员都"有利可图"，同时要保证"多劳多得"。魏玮（2006）沿着治理结构—经济绩效的分析思路，运用博弈论和交易成本经济学的分析方法来分析战略联盟组织的稳定性问题，提出通过改变战略联盟组织内成员间的博弈支付类型和它们对未来的预期来提高战略联盟组织内成员间合作的长期性，从而提高战略联盟组织的稳定性，这需要战略联盟组织通过建立以自我管理为特征的组织治理结构来实现，突出表现在战略联盟组织内部成员间的信用约束机制的建立上。刘晓燕、阮平南（2007）结合生态位的相关理论给出了企业生态位和战略联盟生态位的集合定义，指出企业生态位的选择会对联盟的稳定性起到决定性作用，企业间的合理竞争能够帮助战略联盟实现进化，对联盟的稳定也起到了辅助作用。桂萍、夏谦谦（2007）通过对影响战略联盟稳定性的可选择性和不确定性展开博弈分析发现，可选择性是影响联盟稳定性的基础，不确定性是其扩展，支付水平、未来价值、合作时间、伙伴数量是关键影响因素，指出战略联盟的合作伙伴应该采用保持企业良好合作声誉、保证双方行为的透明度以及对合作与背叛都要给予回报这些准则来提高战略联盟的稳定性。

2.4　知识产权风险研究

2.4.1　知识产权风险的概念

知识产权风险这一概念是在研究企业知识产权管理问题时提出的，后来被许多管理咨询公司广泛采用。另外，许多学者虽然没有直接使用这一概念，但也针对企业合作联盟中的知识产权流失现象，研究了知识产权保护问题。

当前有关企业知识产权风险的研究，多数是从法律角度出发，探讨单个企业面临的知识产权许可风险问题以及知识产权法律冲突问题。例如，Fitzgerald（2003）通过案例研究发现，在企业软件研发外包过程中，由于法律保护或执行不力致使知识产权存在被窃取的风险。Lochner（2002）从法律角度研究了规避知识产权许可风险。Corbin（2000）指出企业管理者应该通过有效的措施来降低和规避知识产权风险。Cieri（2000）研究了当许可知识产权交给财政困难企业或新企业时，应该如何防范知识产权流失的风险。

从管理的角度出发，V.K纳雷安安指出，在合作与竞争共存的状态下，合作模式的本质决定了企业间进行合作会面临三大风险：①知识产权风险；②竞争风险；③组织风险。Osterberg（2003）对知识产权风险进行了分类，并分析了知识产权风险的保险问题，将知识产权风险界定为五种类型：执行风险，侵权风险，所以全风险，投资风险以及储存、维持和传播风险。Cauthorn（2004）也从执行费用、流失损失、侵权法律费用、侵权赔偿额和所有权问题等五个方面构建知识产权风险的分析框架，在5个风险象限内对知识产权风险进行了识别和评价，并提出对知识产权风险的预测和战略管理建议，并提出知识产权风险的预测与战略管理建议。汪忠、黄瑞华等（2006）指出，在合作成员之间相对松散的组织关系中经常形成既合作又竞争的态势，不可避免地产生了知识产权风险，从合作创新的组织特性、知识特性和当前我国整体知识产权保护环境等方面出发进行了分析。张克英、黄瑞华（2006）等从参与主体、转移客体、相互关系、合作动机和泛环境等5个方面出发分析了合作研发企业间知识产权风险的影响因素。此外，何英、黄瑞华（2006）将新制度经济学产权理论对一般财产产权的分析运用于对知识产权的分析，从经济学角度解释"知识产权"这一传统法律概念，给予知识产权更为宽泛的概念，它包括了法律上讲的依法获得的产权和依据社会习惯，给法律准则，以及排斥力而获得的产权。

目前学术界对知识产权风险的研究尚处于起步阶段，大多数是从内容或分类角度研究知识产权风险。本书综合了上述文献研究，将研发联盟中知识产权风险定义为：在研发联盟中，由于合作伙伴之间的合作及其知识的共享，从合作研发关系建立到解散的全过程，对合作伙伴持有的知识产权的所有权产生负面影响，对基于知识产权的当前或潜在收益带来负面影响的事件及可能性。

2.4.2 知识产权风险的研究前沿

目前，关于知识产权风险的研究主要是从法律角度探讨企业面临怎样的知识产权风险、如何规避和防范；从管理角度出发研究了企业如何分类、识别、评价以及防范。

随着知识经济的到来，企业竞争环境将更加复杂多变，对企业的技术创新提出了更高的要求，单纯依靠企业自身的知识积累已经不能适应知识经济发展的需要，合作研发已经逐渐成为企业广泛采用的重要的技术创新战略，与竞争者进行合作是产生新知识的一种有效方案，知识已经成为当前企业最具有战略重要性的资源。但是合作研发过程中，知识在不同组织和不同人之间的转移、流动有助于提高知识的使用效率，实现知识的重新组合，促进新知识的产生，但同时企业之间也形成了既合作又竞争的关系，会使参与企业面临自身知识产权的泄露和流失问题，不可避免地增加了知识产权风险，知识产权风险将成为今后风险管理的发展趋势。Norman（2001）指出，在合作过程中，企业不可避免地会面临"边境困惑"，即企业从合作伙伴那里寻求知识和能力，与此同时，也面临着将自身关键的核心知识暴露给对方的风险，进而各合作成员都不愿意将自身所拥有的核心资源与他人共享，最终导致合作成功概率不断降低。知识产权的价值越高，所产生的竞争就越激烈，知识产权所有人和使用人所面临的风险就越高。知识产权风险一旦产生则损失巨大，因此，企业在合作创新过程中必须对知识产权风险予以关注。V.K纳雷安安指出，在合作与竞争共存的状态下，合作模式的本质决定了企业间进行合作会面临三大风险：①知识产权风险；②竞争风险；③组织风险。合作研发中产生的知识产权风险位居三大风险之首，由此可见知识产权风险的重要地位。国内外专家学者们已经开始关注和研究知识产权风险及其相关领域。

从总体上来看，目前国内对于合作研发引起的知识产权的相关研究非常少。国内学者尤建新2009年在同济大学研讨知识产权战略问题时曾指出："知识产权的契约精神是研发联盟的基础设施，否则，联盟将是难以长久的。"汪忠、黄瑞华（2005）探讨了知识型动态联盟知识产权风险防范体系的构建，但是对于合作研发过程中的知识产权风险及其影响因素并没有进行系统的研究。苏世彬、黄瑞华（2005）利用冲突风险模型对知识产权的专有性和知识共享性所引发的冲突产生的必然性，从理论上进行论证。结果表明：①两个企业的合作中，如果没有任何外部约束，理性的企业是不会共享自己的专有知识产权，从而导致联盟的失败，博弈分析也支持该结论；②只要合作中引入中立的协调人，并赋予该协调人一定的权利（如协调、惩罚等），就会出现稳定解，从而实现专有知识产权的共享。张克英、黄瑞华等（2006）从企业间合作的角度，对知识产权风险的影响因素进行了探究，他们认为，合作创新中的知识产权风险并不仅仅是指法律层面上的风险，而是广义上从管理的角度出发，将知识产权风险定义为：在合作创新过程中与知识管理相关的，对知识产权所有权持有人的当前或潜在权益带来负面影响的事件及其可能性。何瑞卿（2006）等指出，合作研发中的知识产权风险是指在合作研发过程中由于伙伴之间的合作或知识共享机制，产生的给所有人对其知识产权的所有权或者基于知识产权的当前或潜在收益带来负面影响的事件及其可能性。

第3章

》研发联盟稳定性要素示意模型的构建

3.1 研发联盟稳定性内涵与基本要素

研发联盟的稳定性是指研发联盟在一定的存续时期内，按照既定计划、契约和战略目标稳步运行，实现建立在激励相容基础上的制度均衡状态。

3.1.1 研发联盟稳定性内涵的深入理解

（1）联盟稳定性是衡量扰动因素对联盟的影响程度。联盟稳定性是考察联盟成员事前形成的均衡结果随着时间的推移是否能够维持均衡状态，同时考察事前形成的均衡结果受到扰动因素影响时，如何设计协调管理机制才能促使其保持稳定状态。蔡继荣、郭春梅（2007）指出，这些扰动因素可以划分为关系性和功能性两类。关系性扰动因素主要指联盟合作生产中的机会以及企业为规避其他成员的机会主义而采取的策略性行为。功能性扰动因素主要包括环境因素、市场因素以及联盟内部因素，是外生于合作关系的环境因素。关系性扰动因素内生于合作行为，可以通过适宜的机制设计来进行治理，功能性扰动因素是客观的，人们无法借助于机制设计来进行规避，只能通过联盟成员之间达成一致意见，通过联盟的重新组织来适应。

（2）联盟稳定性是一种动态的、相对的稳定。联盟本身是一种动态、松散、灵活的组织形式。机会来临时，联盟各方聚兵而战；机会丧失时，联盟各方则会各奔前程。联盟关系是随着市场的发展而发展的，联盟的稳定性是相对于既定的战略目标而言，当既定的战略目标实现之后，这种联盟关系就解散了。因此，要求对联盟稳定性的研究必须深入到联盟功能型结构的管理过程，通过考察联盟系统内部各个子系统（各联盟成员）的行为选择及其交互影响，来确定联盟系统的序参量，并借助于序参量与各个子系统之间伺服过程来优化子系统的行为选择。也就是说，联盟稳定性不是一个静态变量，是随时间发展而不断变化的（Ernst，Bamford，2005），从组织变革和战略灵活性角度来看，一个稳定的联盟必须能够随着成员伙伴关系的演变及时持续地调整（Adjustment）、适应（Adaptation）、重组（Reconfiguration）和重构（Restructuring）。

（3）联盟的稳定性是一种相对平衡的状态。联盟稳定时必须能够保证结构刚性和战略灵活性达到平衡（Das，Teng，2000）。这就要求一个稳定的联盟一方面应当有足够的结构刚性或者自适应能力去抵御未预期的突发事件和内部风险，结构刚性是避免联盟过早解体的关键变量；另一方面，一个稳定的联盟也应该有一定程度的战略灵活性以持续适应环境变化，以便根据可预测变化的未预期结构及时调整，并适应合作伙伴不断变化的需求（Ernst，Bamford，2005）。联盟稳定的基础是维持和发展合作伙伴之间的和谐积极关系。

3.1.2 研发联盟稳定性的基本要素

当研发联盟处于稳定状态时，这一组织形式内部正处于不断运动、变化、矛盾与冲突之中，只要联盟成员的战略目标能够保持一致、收益共赢、相互信任、资源互补与管理协调，就有利于联盟成员的共同利益和发展，保证联盟的存续时间。

（1）联盟各方战略目标保持一致。战略目标保持一致是指联盟各方加入联盟的目标是通过资源共享、优势互补，联合起来致力于技术创新活动，共同实现某一产业的技术研发、技术产业化、市场拓展等成员组织的共同目标。如果联盟成员加入联盟的真正目的并不一致，也没有共同的战略利益，就谈不上优势互补，也不可能分享资源、共担风险。在联盟合作过程中，技术创新活动的发展方向将趋于有利于自身的方向发展，导致联盟的最终技术创新成果与联盟预期目标相差甚远，从而使有些联盟成员遭受损失，使联盟面临解散的危险。

（2）联盟各方实现收益共赢。共赢是指联盟结果能够使联盟成员各得所需，在组成联盟之后能够最大限度实现协同效应。研发联盟的最终目标是获得预期收益，如果联盟中的一方并没有在联盟中得到其预期收益，则会引发联盟的不稳定性，得不到预期收益的一方会选择退出联盟或者由另一方收购或兼并联盟。因此，联盟必须建立在各方共赢的基础上，联盟各方的收益与其资源投入比例平衡。

（3）联盟各方保持相互信任。信任是联盟各方平等交流合作的基础，联盟成员之间的合作关系实际上就是一种对未来行为的承诺，这种承诺既可以公开规定，也可以达成默契。莎贝尔认为，"信任是联盟各方相信：没有一方会进行机会主义活动并且利用另一方的弱点去获取利益。"联盟各方虽然已经合作，但是由于担心将自身企业内部的机密暴露给对方，导致自身在未来市场竞争中失去优势，往往会采取一些保护和防范措施。但是与此同时，参与联盟的企业又希望其他合作伙伴能够毫无保留地进行合作，以保障自身利益的实现和最大化。这就会导致企业最终会从自身利益出发，并且有所保留地进行合作，导致联盟伙伴之间的信任与亲密程度降低，使联盟的合作效果受到极大的抑制，联盟的解散也将难以避免。

（4）联盟各方实现资源互补。资源互补是联盟成员伙伴选择结盟的前提条件，在对潜在合作伙伴进行选择和评价时，联盟成员都会考虑该潜在合作伙伴是否能够与自身实现资源互补，加入联盟的成员企业必须拥有自身的核心竞争优势，能够与其他联盟成员达到优势互补的目的，综合利用资源。但是，随着研发联盟的发展，各联盟成员都能够学习到对方的可学习性资源，使得联盟成员之间的资源互补性逐渐降低，竞争性却逐渐增加，以差别化信息为基础的信息体制变得更加有效，研发联盟的稳定性逐渐减弱。

（5）协调研发联盟组织的管理。协调是联盟管理的目标，是为了减少联盟成员间的内耗，提高联盟管理效率。研发联盟是一种网络式的松散组织，其内部存在市场与行政的双重机制，因此，对于单一企业而言，研发联盟的管理工作难度就更显得复杂。由于联盟各成员企业之间的利益与冲突不能以行政命令来解决，客观上要求合作各方既要保持相对的独立性，又必须建立并运行一个科学的管理系统来维持组织的正常运行，以实现联盟成员间的文化融合，提高联盟管理的灵活性和适应性，发挥联盟的功效。

（6）协调研发联盟的新知识产权。研发联盟是合作各方企业对已有知识产权的两次乃至多次开发，是在一种组织形式下相关知识产权的交易。在此过程中，合作企业间会产生知识生产、知识转移和知识利用的知识共享行为，这一过程不仅具有知识流动双向性等特点，而且内化了沟通、交易、转移、学习、信任等多种机制的连续动态作用。更为重要的是，新的知识产权会在这一过程中产生。由此产生的问题涉及合作后新获得知识产权的权属、各方原知识产权对获得新知识产权的贡献的评定、相应利益的分配以及新知识产权对发展战略的影响等，这些问题都会极大地影响研发联盟的稳定性，应进行协调管理。

3.2 研发联盟稳定性结构分析

3.2.1 研发联盟稳定性结构分析的WSR方法论

在研发联盟中，"关系"是企业合作获取各种关键与互补资源的主要形式（李路路，1995），并且，联盟中的企业由于缺乏强有力的行政和经济控制手段，极易因追求个体利益做出背叛研发合作承诺的"变节"行为（宝贡敏，2008），造成合作关系的不稳定，因此需要通过关系协调与治理使得企业间的合作关系更加亲密化和规范化（杨洪涛等，2011）。然而，涉及关系、资源、协调、治理等内容的研发联盟的稳定性是一个较为复杂的系统，需要采用适当的系统性方法进行分析，才能在研发联盟稳定性结构要素方面获得满意的结果。

目前来看，由国内复杂巨系统方法论的倡导者顾基发在1994年于英国 Hull 大学时与英国朱志昌共同提出的物理—事理—人理系统方法论（Wuli-Shili-Renli System Approach，WSR方法论）是分析合作稳定性较为理想的方法，并且在合作稳定性分析方面已经得到运用（杨洪涛，2011）。该方法是一种东方系统方法论，并且已经得到了国内外的公认。WSR 系统方法论试图通过综合人的理性思维和形象思维，利用已有的科学技术知识，并整合行为科学、社会学等学科知识，实现对复杂系统的高效管理，它既是一种面向复杂性的方法论，又是一种解决复杂问题的工具。在观察和分析复杂性问题时，尤其是非结构化、"病态"结构的复杂巨系统时，WSR 体现出比传统的系统理论和方法更好的独特性和有效性，更具有中国传统的哲学思辨，是多种方法的综合统一。WSR 系统方法论将各种方法进行条理化、层次化，起到了化繁为简的功效，属于定性与定量分析综合集成的东方系统思想。它认为人们在认识和改造复杂的对象时，要综合多种知识、工具和方法，特别是要加强人与人之间的沟通和协调，知物理、晓事理、通人理，从而取得最佳实践活动。

物理—事理—人理系统分析方法如图 3.1 所示。

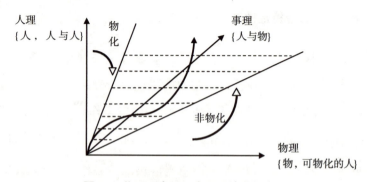

图 3.1　物理—事理—人理系统分析方法

1. WSR 系统方法论的内容

在 WSR 系统方法论中，"物理"指涉及物质运动的机理，它既包括狭义的物理，也包括化学、生物、地理、天文等。通常运用自然科学知识回答"物理"是什么，如自由落体运动可由万有引力定律解释、遗传密码是由 DNA 中的双螺旋体携带的、核电站的原理是将核反应的巨大能量转化为电能。物理需要的是真实性，研究客观实在。大学理学院和工学院传授的知识主要用于解决各种"物理"方面的问题。

"事理"指做事的道理，主要解决如何去安排所有的设备、材料、人员。通常运用到运筹学与管理科学方面的知识来回答"怎样去做"的问题。典型的例子是美国的"阿波罗"计划、核电站的建设和供应链的设计与管理等。大学工学院中的工业工程、系统工程、管理学院中的管理科学与工程、理科中的运筹学和控制理论等都是传授用于回答"事理"方面问题的基本知识，目前已有一些关于事理学的专门研究，针对运筹学今后的发展，有一种看法认为是从运筹学发展到事理学的。

"人理"是指做人的道理，通常要用人文与社会科学的知识去回答"应当怎样做"和"最好怎么做"的问题。实际生活中处理任何"事"和"物"都离不开人去做，而判断这些事和物是否应用得当，也由人来完成，所以系统实践必须充分考虑人的因素。人理的作用可以反映在世界观、文化、信仰、宗教和情感等方面，特别表现在人们处理一些"事"和"物"中的利益观、价值观上。在处理认识世界方面，可表现为如何更好地去认识事物、学习知识，如何去激励人的创造能力、唤起人的热情、开发人的智慧。"人理"也表现在对物理与事理的影响。例如，尽管对于资源与土地匮乏的日本而言，核电可能更加经济，但是一些地方由于当地人们害怕可能会遭到核事故和核辐射的影响，在建设核电站的时候就会受到反对、抗议乃至否决，这就是"人理"的作用。大学的人文学院和管理学院有分析人理问题基本知识的课程教育。

系统实践活动是物质世界、系统组织和人的动态统一。我们的实践活动应当涵盖这三个方面和它们之间的相互关系，即考虑"物理""事理"和"人理"，从而获得满意的关于所考察的对象的全面认识和想定（Scenario），或者是对考察对象的更深一层的理解，以便采取恰当可行的对策。课堂教育仅仅传授了基本的知识（Knowledge），理解与实践则能形成"新知"或"见地"（knowing），而真正能懂得很好地应用知识和去开发新的知识的人是知人（knower），他能组织和鼓励人们去很好地运用所掌握的知识为人民造福，去展开深入具体的实践以及积极地去认识新事物。表3.1简要列出来物理、事理、人理的主要内容。

"物理""事理"和"人理"是系统实践中需要综合考察的三个方面，仅仅重视"物理"和"事理"而忽视"人理"，难免会导致做事机械，缺乏变通和沟通，没有感情和激情，也难以有战略性的创新，很可能达不到系统的整体目标，甚至走错方向或者提不出新的目标；一味地强调"人理"而违背"物理"和"事理"，则同样会导致失败，如某些"献礼工程""首长工程"等事先不做好充分的调查研究，仅凭领导或少数专家主观愿望而导致有些工程以失败告终，就充分说明了这一点。"懂物理、明事理、通人理"是 WSR 系统方法论的实践准则。简单地说，形容一个人的通情达理就是对其成功实践了 WSR 的概括。

表3.1 物理—事理—人理的内容

	物理	事理	人理
对象与内容	客观物质世界法则、规则	组织、系统管理和做事的道理	人、群体、关系为人处事的道理
焦点	是什么？ 功能分析	怎样做？ 逻辑分析	最好怎么做？ 可能是？人文分析
原则	诚实；追求真理	协调；追求效率	讲人性、和谐；追求成效
所需知识	自然科学	管理科学、系统科学	人文知识、行为科学、心理学

2. WSR 系统方法论的工作过程

WSR 系统方法论的内容易于理解，而具体实践方法与过程应按照实践领域与考察对象灵活变动。图3.2是早期 WSR 系统方法论工作的演化过程。WSR 方法论的一般工作过程可理解为以下七个步骤：①理解意图；②制定目标；③调查分析；④构造策略；⑤选择方案；⑥协调关系；⑦实现构想。如图3.2所示，这些步骤并不一定要严格按照图中所示的顺时针顺序执行，协调关系始终贯穿于整个过程。协调关系不仅仅是协调人与人的关系，WSR 系统方法论早期的报告与文章中都给出这方面的例子，容易让人产生理解上的片面，而实际上，协调关系可以是协调每一步实践中的物理、事理和人理的关系；协调意图、目标、现实、策略、方案、构想之间的关系；协调系统实践的投入（Input）、产出（Output）与成效（Outcome）的关系。这些协调都是由人来完成的，着眼点与手段应根据协调对象的不同而调整。

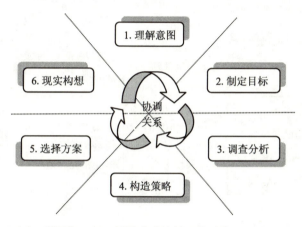

图3.2　WSR系统方法论的工作过程

在理解用户意图之后，实践者将会根据沟通中所了解到的意图、简单的观察和以往的经验等形成对考察对象的主观概念原型，包括所能想到的对考察对象的基本假设，并初步明确实践目标，以此开展调查工作。因为资源（包括人力、物力、财力、思维能力）都是有限的，调查不可能是漫无边际、面面俱到，而调查发现的结果是将一个粗略的概念原型演化为详细的概念模型，目标得到了修正，形成了策略和具体方案，并提交用户选择。只有经过真正有效的沟通之后，实现的构想才有可能为用户所接受，并有可能启发出新的意图。WSR工作过程中的任务与方法可以在表3.2中得到总结。

表3.2 WSR工作过程中的任务和方法

工作步骤	主题内容			方法与工具
	物理	事理	人理	
理解意图	尽可能了解服务对象（顾客）的所有目标及现有资源情况	了解目标的背景、目标间的相互关系、目前系统组织和运行方式、目前工作实行的评价准则	与各层用户沟通，考察顾客对目标的期望或认同程度，了解用户的观点，特别是有决策权的领导的观点	"头脑风暴"、研讨会、CATWOE分析、认知图、习惯域
制定目标	列出所有可行和实用的目标，评价准则和各种约束	弄清目标间的关系准则，如优先次序和权重	弄清各种目标可能涉及的人、群体及相互关系	目标树、统一计划规划、ISM、AHP、SAST、CSH、SSM
调查分析	调查学习实践对象的领域知识和系统当前运行状况，获取必需的数据信息	根据目标调查分析资源间的关系，约束限制，获取用户的操作经验和知识背景	文化调查，了解谁是真正的决策者及对目标的影响，系统当前运行操作人员的利益分析，对获取数据的影响，对当前目标的影响	德尔菲法、各种调查表、文献调查、历史对比、交叉影响法、NG法、KJ法、事件访谈法
构造策略	根据调查分析结果和设计目标，制订整体目标、分目标实现的基本框架和技术措施	整合关于所有目标的框架与技术支持，定义整体系统的性能指标，给出若干具体方案	在整体和发布构造中嵌入用户（特别是领导）的思考点和不同用户群的关系	系统工程方法、各种建模方法和工具、综合集成研讨厅

续表

工作步骤	主题内容			方法与工具
	物理	事理	人理	
选择方案	分析策略构造中描述的初步方案，考虑模型方法必要的支持数据	设计、选择合适的系统模型以集成各种相关物理模型，方案的可行性分析和验证（Verification）	在系统模型中恰当地突出策略所包含的人的观点、利益等	NG法、AHP、GDSS、综合集成研讨厅
实现构想	设计方案的全面实现，分别安排人、财、物，监测实施过程	实施过程的合理调度，方案的证实（Validation）	实施过程中人力资源的调度，方案与人群的利益关系，结果的认可（Accreditaion）	各种统计图表、统筹图、路线图（Roadmapping）
协调关系	整个工作过程中物理因素的协调，即技术的协调	对目标、策略、方案和系统实践环境的协调，如处理模型和知识的合理性，可视为知识协调	在目标、策略、方案、实施与系统实践环境等诸多方面观点、理念和利益等关系的协调，可认为是利益协调	SAST、CSH、IP、和谐理论、对策论、亚对策、超对策、综合集成研讨厅

注：AHP（Analytical Hierarchy Process）：*层次分析法*；CATWOE（Customers，Actors，Transformation，Weltanschauung，Owners and Environmental constraints）：*切克兰德软系统方法论中形成对考察系统根定义时需要思考的6个方面*；CSH（Critical Systems Modeling）：*解析结构建模*；NG（Nominal Group）：*名义小组*；SAST（Strategic Assumption Surfacing and Testing）：*战略假设表露与检验*；SSM（Soft Systems Methodology）：*软系统方法论*；GDSS（Group Decision Support Systems）：*群决策支持系统*。

3. 基于WSR系统方法论的稳定性结构框架模型

从上述对WSR系统方法论内容的阐释可知，"物理"与"事理"属于客体范畴；"人理"属于主体范畴。在研发联盟的稳定性方面，WSR可以反映为客体—客体、客体—主体、主体—主体三个方面的联系（顾基发，朱志昌，1995）。本书据此将研发联盟的稳定性划分为三个层次：一是资源层面的稳定性；二是运作层面的稳定性；三是关系层面的稳定性。其中，资源层面的稳定性表现为合作各方为促进研发合作关系对资源和能力的整合程度（杨洪涛，2011），即资源整合有效度；运作层面的稳定性表现为协调管理的程度，或者合作各方对自身的资源或整合资源的利用和协调，包括协调主体、协调路径、协调规则等，即协调管理有序度；关系层面的稳定性表现为研发合作各方关系的成熟度，或者合作主体之间的亲密程度、融洽程度以及继续发展的意愿（杨洪涛，2011），即关系相处亲密度。因此，基于框架性意义，研发联盟稳定性结构主要包括三个重要维度，其所形成的框架模型如图3.3所示。本部分将分为三节内容对三个结构要素进一步论述。

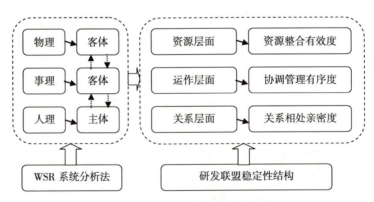

图3.3 研发联盟稳定性结构框架模型

3.2.2 资源整合有效度

研发联盟中各企业资源的互补性是影响联盟稳定性的重要条件，学习机制的建立对于联盟内资源互补的实现具有促动作用（王向晖，胡继云，2001）。就企业参与研发联盟的目的来看，研发联盟旨在技术创新，要求企业间能够在知识资源方面进行有效的交流与共享。也可以认为，合作伙伴间相互学习对方的知识是企业建立联盟的重要目的与动机（Hamel，Prahalad，1989）。进一步地，企业间隐性知识无法通过市场交易来获得，而必须通过合作联盟的方式完成（Badaracco，1991）。可见，对于合作研发联盟来说，联盟中的各成员企业均同时扮演着知识供应与需求的双重角色，企业间知识共享的动力是双向的。研发联盟企业知识性资源的互补性越高，知识共享的效果则越大（汤建影，黄瑞华，2005）。

但必须注意的是，知识资源的互补性并不仅体现为静态的客观结果，而是需要动态的信息透明与知识交流共享，这成为企业间进行研发合作的基础，也是研发联盟存在的目的之一。同时，资源也并不局限于技术知识，还包括资产、信息、环境等内容。这些资源的互补是联盟成员伙伴选择结盟的前提条件，在对潜在合作伙伴进行选择和评价时，联盟成员会据此考虑该潜在合作伙伴是否能够与自身实现资源互补。在研发合作的过程中，成员间也会针对技术知识等资源的占有情况对各自的位置关系进行调整，从而影响到研发联盟的稳定性。基于上述分析，本书认为，影响研发联盟稳定性的资源整合有效度具体包括了四个子维度，即合作伙伴的技术研发能力、合作伙伴的资产实力、合作伙伴的信息透明度及研发联盟的外部环境。

3.2.3 协调管理有序度

研发联盟的重要内容即研发合作企业间的协调管理，这种组织间的协调既可以采取正式的契约进行协调管理，也可以是非正式即关系型的契约协调管理。根据WSR系统分析方法，研发联盟稳定性的"物"要素的合理投入和有效整合，需要通过联盟对研发活动的合理安排与资源的有效配置两种途径来实现，这两种途径均是组织协调管理的具体体现，即研发联盟稳定性的"事"要素。

研发联盟首先需要依据任务要求选择合适的合作伙伴，相关研究表明，不恰当的伙伴选择是导致研发联盟失败的主要原因之一，合适的研发联盟合作伙伴对于提高研发联盟的稳定性具有重要的影响。这些研发合作企业通过一系列契约关系进行连接（Jensen，Meckling，1976），正式契约因此而成为企业存在的基础。从组织间关系的角度来说，正式契约界定了组织之间的资源整合方式与协作模式，组织之间在何时、何地、通过什么方式、在哪些方面展开研发合作，出现违规行为的处罚措施等内容，都需要在正式契约中予以明确。在组织间权力机制缺失的情况下，正式契约成为维系组织间关系正常化、合理化的基本工具。缺少了正式契约的合理规制，信任、承诺等关系型契约将成为无本之木。当然，仍然需要强调的是，正式契约具有内生不完备性，因此无法依赖正式契约实现组织间关系的最优化。在组织间长期协作的背景下，关系型契约机制成为维系组织间关系有效运行的重要内容。

研发联盟活动的安排与资源的配置过程通常表现为制度设计、流程设计、资源配置的机制以及管理者之间权利与责任的分配等具体形式，这些具体的形式从不同角度影响着研发联盟管理的有序程度。因此，本书认为，影响研发联盟稳定性的协调管理有序度具体包括了四个子维度，即合作伙伴选择的恰当性、制度制定的完善性、契约制定的规范度及权益分配的公平性。

3.2.4 关系相处亲密度

关系相处亲密度是表示合作伙伴之间关系融洽程度的概念，它不仅反映了研发联盟各企业间的关系行为，也表示出企业间的关系结果，并影响着研发联盟的稳定性。"关系"的内涵包括了组织间与个人间两个层面，在研发联盟中，个人关系可以通过引导参与组织间关系的个人的态度和行为来影响整个联盟的合作关系。研发联盟中的企业必须依靠企业员工的合作意识，并通过企业内部合作化的延伸，谋求企业间在研发中的知识共享合作（韩淑金，2007）。为了避免合作过程中事前隐藏信息的逆向选择和事后隐藏行动的道德风险，需要形成合作发展的文化基础，而且文化作为合作的"促进剂"已经得到重视（陈守明，李杰，2008）。研发合作不仅基于地缘形成合作秩序，而且在开放式创新的环境下，更要能够摆脱小集团利益狭隘观念的束缚，以承担进一步扩展企业间信任关系和分工秩序的风险（亨利·切萨布鲁夫，2005），这样就可以共享外部知识，展现企业间合作发展的潜能，从而形成更大规模范围内的相互信任和守诺。

信任是一种能够减轻人们担忧其合作伙伴发生机会主义行为的预期（Bradach，Eccles，1989），被看成是组织内容的一个方面（Ghoshal，Bartlett，1994）以及合作的前提（Gambetta，1988）。在不同的组织中，信任水平上的差异可能导致不同资源交换和整合水平上的差异（Tsai，Ghoshal，1998）。由于儒家文化推崇建立和谐关系，并且这一思想正引起世界范围内的重视，因此，在研发联盟各企业间建立良好的信任和私人关系时能更好地推动合作（Theigi，Phungphol，2008），所有的经济关系都嵌入在社会网络中（Granovetter，1985）。

可见，合作企业之间产生的人员、知识、技术、货币等各种主体和客体的流动，形成了以信任为基础的各种关系下的合作文化。借鉴文化的层次理论，即器物层次、组织层次和价值层次，并主要结合以知识共享为主的创新集群内企业间合作的特点，这里的文化主要涉及合作意愿、沟通习惯与相互信任等三个方面（甄杰，2009）。而从总体上看，企业间的文化是否可以兼容，将是一个长期影响要素。因此，本书认为，影响研发联盟稳定性的企业间关系相处亲密度具体包括了四个子维度，即组织文化的兼容性、组织间沟通的难易程度、组织间持续沟通的意愿及组织间相互信任的程度。

3.3　基于WSR的研发联盟稳定性要素示意模型

基于WSR方法论，通过上述系统分析，可以得到研发联盟稳定性要素的二级结构模型，如图3.4所示。

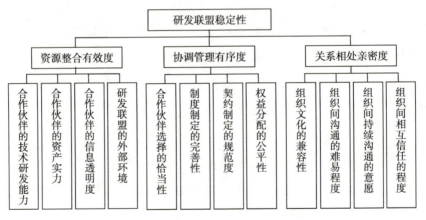

图3.4　研发联盟稳定性要素示意模型

第4章

>> 影响研发联盟稳定性的知识产权
风险问题分析

研发联盟的实质是合作研发伙伴间通过延展企业边界,以共享对方的互补性技术知识,创造新的知识资产。知识共享不仅是企业参与研发联盟的重要目的与动机(Killing,1983),而且也是合作研发能否成功的重要决定因素(Polanyi,1962)。但是由于合作研发活动过程中的知识共享与学习容易导致联盟合作伙伴的知识外溢增加(Polanyi,1967),从而使其面临着比较突出的知识产权风险。影响研发联盟稳定性的知识产权风险主要包括以下四个方面内容。

1. 知识产权失控或贬值风险

研发联盟中的知识共享要求合作伙伴贡献出自己的独特知识资源,而知识的半公共产品的特性意味着,其他企业一旦获得这些知识就可以免费重复使用,企业必然要面临自身的知识产权被模仿和被挪用等问题,存在合作一方的知识产权失去控制或发生贬值的风险。一方面,合作方可以获取合作另一方所拥有的知识产权成果,为可能不诚信的合作方提供了窃取知识产权的合法机会；另一方面，基于合作研发产生的新成果的先进性，可能会导致合作伙伴以前所持有的知识产权发生贬值，或者丧失市场竞争优势，甚至完全被合作研发产生的新成果所替代或淘汰。

2. 知识产权价值评估风险

研发联盟在确定合作伙伴的投入比例时，涉及对合作伙伴的知识产权的界定和评价，存在着知识产权价值评估的风险。在合作研发中，合作伙伴会提供一些技术秘密、专利技术、计算机软件、设计图纸及其他资料等知识产权成果进行共享，但有可能出于对自身利益的考虑，不排除合作伙伴提供的知识产权存在某些瑕疵，如所提供的资源是否享有知识产权，尤其是那些未经国家有关部门确认授权的权利（技术秘密、设计图纸、资料）是否真正存在；提供的知识产权信息披露是否完全、充分，是否隐瞒了不利于自身的真实信息等。

3. 知识产权侵权风险

研发联盟中的合作伙伴接触到其他合作企业核心知识的可能性会增强，对这类知识的滥用会导致侵权的风险，包括商标侵权、专利侵权、著作权（即版权）侵权等。并且，知识产权侵权不仅涉及直接侵权行为，也涉及在直接侵权发生情况下的关联行为，即间接侵权行为。构成间接侵权的行为本身并不在知识产权专有权利的控制范围内。间接侵权行为并未直接侵害知识产权保护的客体，行为人并未实施直接侵权行为，而是为该直接侵权行为提供便利条件，或造成直接侵权行为损害后果的扩大。

4. 知识产权所有权风险

在知识产权的所有权方面存在着各种各样的权利，包括财产权、作者权以及在有效合同或协议中产生的其他权利。每一种不同的权利指出了对知识产权所有者在不同领域的保护。在研发联盟中，对合作研发产生的新知识产权的界定与归属问题，会造成知识产权的所有权风险。

4.1　影响研发联盟稳定性的知识产权风险要素分析

从上述分析可知，知识产权风险类型具有差异性，并且，不同种类的知识产权也会引起各异的知识产权风险。在研发联盟背景下，这些不同类型的知识产权风险由研发联盟内部因素与研发联盟外部因素共同作用引致。从研发联盟内部因素即内生成因来看，信息共享、知识共享的过程，可能导致企业本身核心技术的泄露和知识产权流失，将会培育潜在的市场竞争对手，甚至造成核心能力的丧失；合作契约不完备会降低对合作各方的约束，可能出现一些成员企业中途退出并带走联盟重要商业机密和技术秘密等；研发联盟组建阶段的信息不对称将造成逆向选择问题；成果分配和权利归属阶段的信息不对称将导致知识产权的界定、归属与分配上的不公；合作伙伴信用缺失可能出现合作方恶意窃取、挪用或套取知识产权等败德行为的出现、关键技术人才流失以及客户关系流失（汪忠等，2006），上述这些风险主要是由与研发联盟组织特性有关的因素所引发的。

同时，从知识的角度看，专利和技术秘密创新容易被模仿（Kaz Miyagiwa，Yuka Ohno，2002），造成知识产权的流失，而且不易被察觉，知识所具有的半公共产品特性（Farok，Wonchan，2002），也使得隐形知识显性化，增大知识产权风险。未从联盟得到相应回报之前，知识外溢会带来知识资产流失、投入难以回收、竞争优势丧失等市场风险。另外，一旦知识的主要内容暴露之后，知识的接受者就没有必要再执行知识转移的交易，从而导致了知识所有者丧失此次交易价值，甚至威胁到该知识的后续价值（祁红梅，黄瑞华，2005）。可见，知识本身所具有的特性会引发相应的知识产权风险。

知识产权风险还可以由于相关立法与执法的不完善而形成，例如外国公司要保护所转移的先进技术的产权非常困难（Clark D.，2000），并会导致外国公司不愿意将先进的技术转移给中国公司（AmCham-China，2001）。从企业内部知识产权管理水平与自我保护能力来看，在国际技术合作与谈判中，中国企业普遍缺乏知识产权的专业知识和经验。调查显示，我国企业与国外合作方、转让方谈判合作或转让项目和拟定知识产权条款时，有37%的企业不明确协议中有关知识产权条款应包括的内容，34%的企业不了解确定成果所有权的方式，22%的企业不知道经济利益的分配比例（方明，2004），从而造成知识产权的流失。此外，在运用知识产权保护制度参与市场竞争尤其是国际市场竞争的准备和经验不足，也会使得研发联盟中的企业面临知识产权风险与法律诉讼（汪忠等，2006）。总体上看，这些知识产权风险是由于研发联盟的知识产权环境造成的。

因此，本书认为，影响研发联盟稳定性的知识产权风险主要因素表现为三个方面，即研发联盟组织特性、知识特性及知识产权环境（图4.1）。本部分将分为三节内容对这三个影响因素进行阐述。

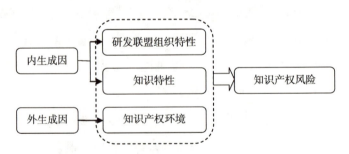

图4.1 影响联盟稳定性的知识产权风险因素

4.1.1 研发联盟组织特性

1.组织目标

在研发联盟中，对于组织的理解不再囿于独立的单个企业组织，也包括由多个独立组织的合作研发行为形成的中间性组织。在研发联盟组织中，组织目标作为组织的特性之一，是区分不同组织较为重要的指标，其相合度也关键性地影响着研发联盟的稳定性与最终成败。组织存在的目的即是为了完成个人无法做到的事情，实现某些良好愿望（Etzioni，1968，1991，1993）。企业组成研发联盟的目的是为了与其他合作伙伴交流与共享知识及其他研发资源，分担研发风险，实现技术创新目标，获得技术创新收益。企业在自身拥有的资源不能满足其技术创新需要的情况下，通过与其他有着共同创新目标的企业组成研发联盟进行合作，实现资源上的共享和优势互补。Hamel、Prahalad（1989）研究发现，合作伙伴之间相互学习对方的知识是企业建立研发联盟的重要目的与动机。Badaracco（1991）也认为，企业间的隐性知识无法通过市场交易来获得，而必须通过合作联盟的方式完成。此外，由于技术创新具有高成本、高风险的特点，并且知识的快速更新、技术的快速发展，使得技术创新的风险逐步增加，因此，企业选择组成研发联盟可以有效地降低创新成本、分担研发风险，增加实现技术创新的可能性。当合作伙伴参加研发联盟的目的基本一致时，研发联盟的组织目标就是实现其成员企业的意愿。所以，可以把研发联盟的组织目标理解为实现成员企业之间知识信息共享、优势互补，从而获得创新成果。

同时，由于合作过程中的信息交流与知识共享，使得研发联盟中拥有技术优势的企业的核心技术很容易泄露，其知识产权也容易发生流失，同时加速了研发联盟中窃取对方知识的企业的成长，无形中培养了流失知识企业的潜在竞争对手；在合作契约不完全的情况下，合作伙伴之间的监督和约束会相应消弱，联盟成员有可能因为投机行为而退出研发联盟，并带走研发联盟的重要知识资源；合作伙伴之间的信息不对称可能导致联盟成员的逆向选择，造成知识产权的界定不清，利益分配不公平；进一步地，研发联盟的成员企业的诚信缺失，会导致企业出现恶意窃取、套用对方知识产权等一系列败德行为，以及重要技术人才、客户资源的流失。可见，如果研发联盟的组织目标不明确，则会引发知识外溢、知识产权流失的知识产权风险。

2. 组织成员属性

从研发联盟内各企业成员主体看，组织成员是研发联盟的基本组成元素，是研发联盟赖以存在的基本细胞，因而，组织成员的属性与研发联盟的知识产权风险密切相关。这主要表现如下。

（1）声誉。在研发联盟中，合作伙伴的声誉越高，其挪用企业知识产权的道德成本就越高，因而，研发联盟内的溢出知识被随意挪用的可能性就越小，即组织成员的声誉度与研发联盟的知识产权风险负相关。

（2）学习能力。学习能力主要包括学习动机、吸收能力和整合能力。一般来说，企业参与研发联盟的动机并不是单一的，包括实现成本和风险的分摊、获取伙伴的互补性知识、实现规模经济、缩短技术市场化的时间等多个层面。不同类型的动机，具有不同的重要程度。如果以获取隐性或互补性知识为动机，则其学习动机较强烈，在合作研发中，溢出知识被挪用或内部化的可能性就较大。吸收能力是指组织辨别有价值的外部新知识，进而消化吸收并加以应用的能力。在合作研发中，如果仅仅基于对合作方资源的依赖，而不是基于提高自身的能力，就有可能出现如窃取技术、"搭便车"等败德行为，合作伙伴的吸收能力越强，其获得或利用企业溢出知识的可能性也就越大，并逐步降低对其合作伙伴的依赖，在完全获取所需知识后可能会终止合作，退出研发联盟。需要说明的是，本书只讨论合作伙伴的学习能力相差较大时造成的知识产权风险，因此，合作伙伴的学习能力差异程度与研发联盟的知识产权风险正相关。

（3）知识产权保护意识。在合作研发过程中，合作各方需要进行频繁的接触和交流，共享知识资源。如果企业自身的保护意识不强，可能会造成共享范围之外的知识和信息无意间的外溢。因此，企业自身较高的保密意识将会对知识外溢起到抑制作用。此外，企业可以通过确定知识共享的程度来限制对方的败德行为，同样也能起到降低知识产权风险的作用。

3. 组织结构

组织结构的内涵可以简单概括为组织内部的构成要素及要素之间的关系。随着知识经济时代的来临，组织结构作为企业进行知识分工与合作的支持结构，其形式已经日趋扁平化、柔性化和虚拟化。德鲁克指出，在以知识员工为主的组织中，知识存在于基层，存在于知识员工的头脑中，知识型员工要求自主管理、自主决策，这就要求从传统的高度集中的命令——控制型组织结构转变为以知识员工为中心的扁平型信息化组织结构，即意味着权力的分散化。在研发联盟中，直线等级制这样的企业间合作关系将会因为过多的结构层级而延误企业对外部信息、知识处理的时效以及保存。经典的组织结构设计理论认为，集权与分权、整合化是组织结构设计需要考察的关键因素。显然，研发联盟作为以知识型企业为主体，不确定性较大和专业性较强的知识创造活动，需要适度的分权化。组织结构所内嵌的研发联盟各方的关系将直接影响研发联盟的知识产权风险，具体表现在如下。

（1）合作伙伴之间的信任程度。信任是指合作伙伴各方自信对方不会利用自己的脆弱性，基于一方对另一方行为意图的积极期望（Sabel，1993；Rousseau，1998)，或者是合作伙伴各方共同的依赖关系，这种依赖关系可以保证彼此不会被利用或相互攻击对方的弱点。信任无法通过联盟的契约强制实现，只能通过双方长期的交流来逐步积累。合作伙伴之间信任程度的高低会影响他们相互之间的知识共享程度，若合作伙伴之间相互不信任，那么在资源共享时，对自身拥有的知识资源会有所保留，合作对方往往因为无法获得合作研发所需的知识、研发进度受到影响而出现败德行为，如恶意窃取、挪用知识等行为。因此，信任程度越高，知识产权风险就越小。

（2）联盟组织一体化程度。根据研发联盟的组织与法律特征，研发联盟可以分为契约型和股权型。股权型的研发联盟一体化程度较高，合作伙伴之间的交流更为充分，知识也更容易传播，但同时也会加大知识外溢的可能性。此外，股权型的研发联盟的层级治理结构能够加强对联盟成员行为的监控，减少伙伴的机会主义行为，从而降低知识产权被挪用的风险，而契约型联盟则恰恰相反。Pisano根据美国商务工业企业的研究指出，企业面临较高水平的知识转移以及围绕伙伴关系的不确定因素增加时，企业倾向于采用股权型联盟。Oxley的研究发现，美国公司与知识产权保护水平较低的国家企业进行合作时，更倾向于股权型研发联盟。因此，企业参与契约型研发联盟所面临的知识产权风险较大。

（3）合作伙伴在竞争领域的交迭程度。参与研发联盟的企业类型多样，有可能来自于不同的产业，也有可能是处于同一产业中的不同关系类型的企业。如果各企业分属于不同的产业，则合作伙伴之间的竞争领域交迭程度最低；反之，则合作伙伴之间的竞争领域交迭程度较高，知识共享过程将会接近于零和博弈，即企业获取其合作伙伴的知识动机很强烈，容易产生机会主义行为。因此，合作伙伴在竞争领域的交迭程度与研发联盟的知识产权风险正相关。

4.1.2 知识特性

1. 知识内隐性

研发联盟的知识共享过程如图4.2所示。在联盟内企业间合作研发的过程中，知识共享主要在四个层面上进行：第一层面，聚集、组合、利用合作双方的显性知识；第二层面，合作伙伴相互支持对方将其隐性知识外在化；第三层面，合作伙伴为了开发技术，相互共享隐性知识；第四层面，随着合作的逐步深入，在研发合作过程中促进了彼此的知识创新，并逐渐形成了共有的创新知识。在研发合作过程中，当知识共享进行到一定程度时，企业的隐性知识需要显性化，这往往会包括企业内隐的技术诀窍和商业秘密。知识产权的无形性决定了这种转化容易造成知识产权的流失，而且不易察觉。一项调查结果表明：在调查样本中，60%的专利和技术秘密在四年内被全部模仿。如果知识可以像有形财产一样天生具有完全的排他性，内化和根植于其使用环境，或者知识是一种完全的公共产品，则风险问题就不会那么突出了。但是，大多数知识具有半公共产品特性，位于公共产品和完全内化知识这两个极端之间的谱系之内，因此，知识产权风险产生的可能性大幅提高。

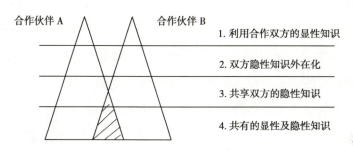

图4.2 研发联盟的知识共享过程

知识内隐性是指经过亲身实践学习而得到的隐含的、未经整理的技能累积，是技术人员行动的"非知觉"产生的"行动与结果之间"的模糊性，这种知识的价值在于无法将此类技能编纂成一套可执行的策略规则（Reed，DeFillippi，1990）。或者，"知识不易通过文字符号、档案文件等形式加以储存和编码，难以与他人沟通和分享的程度"（疏礼兵，2006）。知识的内隐性容易导致知识产权所有方的知识产权被泄露和被侵犯的风险，内隐性高的知识很难通过文字与特殊符号转移给其他个体、组织（吴思华，1998），同时，也存在较高漏损的可能性。

2. 知识复杂性

依据Reed、DeFillippi（1990），Kogut、Zander（1993），Simonin（1999），Szulanski（1996）等的相关研究，知识的复杂性是"知识或活动包含相互依赖的特殊技能、例行事务与人员数目的多少。"或者，特定知识需要一群独立的技术、规则、专家、资源的整合,所以具备高度的模糊性,不易被了解和模仿(Reed, DeFillippi, 1990)。由此可见,知识的复杂性越高,则它无意间外溢的可能性越小,并且,其他企业在获得知识后,由于缺乏特定的配套技术,能够模仿利用的可能性也越小。因此,企业所拥有的知识的复杂程度越高,则知识产权风险越小。

Winter(1987)以知识转移的难易程度来区分特质,认为组织知识存在四个构面,即知识的内隐性(tacit/articulable)、使用时可观察与否(observable/not observable in use)、知识的复杂或简单程度(complex/simple)、相依或独立于系统的知识(dependent/independent),每个构面都是一个由低到高的连续带。知识的内隐性程度取决于知识的可教授性与可描述性,可以清楚描述的知识能够借助各种形式的符号清楚有效地沟通和转移。可观察性影响知识容易转移的程度,其对于观察知识拥有者的合作意愿、观察成本的高低也有一定的影响。复杂程度是描述一项知识所需要的信息总量,信息总量的多少与知识的可变程度有关。一项知识可单独使用,此知识具有较高的独立性;如果必须在系统中才能使用,则是系统中的元素,此知识具有较低的独立性。

Kogut、Zander(1993)则提出影响知识或生产能力转移的五个知识特性变量,即知识的编码化程度(codifiability)、知识的可教授程度(teachability)、知识的复杂化程度(complexity)、知识转移时的技术年龄(age of the technology at the time of transfer)、被转移的次数(number of times transferred),并同时指出,知识转移的成本由知识的内隐性程度决定。

3. 知识系统性

根据Winter(1987)、Zander、Kogut(1995)、Grant(1996)、Simonin(1999)、吴思华(1998)等相关研究,"知识作为一个体系难以分解,而且需要具备相关的背景知识和经验才能有效地理解与吸收。"知识的系统性越高,其内隐性程度也越高(Winter, 1987)。所以,知识的系统性越高，则知识产权风险就越小。

知识从拥有者转移到接受者的转移过程中，由于参与各方对知识的理解和接受能力不同，可能会造成知识的遗漏或损失，从而破坏知识的完整性或篡改原有知识的内容，尤其是在当今信息通信技术快速发展的时代，知识的传递十分迅速，更改也十分便捷，会增加由于知识漏损带来的知识产权风险。这主要表现在知识接受者的吸收能力方面，知识接受者的吸收能力（Cohen，Levinthal，1990）是基于接受者将新知识融入既有知识的能力，这需要对不同知识进行累加，若知识可以使用共同的语言来表达，那么知识累加的效率将会增强。

知识漏损还源于知识的模糊性，Simonin（1999）将知识模糊性（ambiguity）看作是组织竞争优势的源泉，并用内隐性、专用性、复杂性、经验性四种特性表示知识的模糊性。专用性是指对特定交易的持续性投资，而交易关系的持续是有价值的。资产专用性分为地点、实物资产、专项资产和人力资本四种类型四种型态（Williamson，1985），而对知识资产的专用性投资也存在专用性问题。Cohen、Levinthal（1990）认为组织的吸收能力是其过去经验的函数，也正如 Hamel（1991）所说，如果双方存在着技术代沟，要互相学习技术几乎是不可能实现的。当组织对承接技术的知识领域差距越小，则转移绩效越显著。

4.1.3　知识产权环境

经济的全球化、信息化打破了语言、国籍、距离等界限，企业之间的合作范围扩大了，这不仅增加了知识产权价值最大化的机遇，而且意味着提升了知识产权风险。根据2003年香港政治经济风险顾问公司（Political & Economic Risk Consultancy，PERC）公布的亚洲主要国家和地区知识产权风险指数报告，知识产权风险指数是衡量一个国家知识产权保护水平的重要指标之一，综合反映了一国的知识产权法律保护体系，知识产权法规与政策，政府、企业和科研机构的知识产权管理水平、国民的知识产权意识、政府有关职能机构的效率等。PERC的这份报告是企业对外投资时经常参考的四种报告之一，具有较高的权威性和客观性。该报告评价范围涵盖了12个亚洲国家和地区，指标中包含定量与定性数据，定性数据采用调查问卷方式获得，与知识产权领域各层面的诸多因素有关。指数以最高等级为10计算，等级越趋近于0，意味着风险越低，排名越靠前；若指数等级越接近10，则表示知识产权风险越大。

根据表4.1所列，发展中国家知识风险程度普遍较高，其中，中国在亚洲12个国家和地区中排名倒数第二，指数高达9.34，仅略低于印度尼西亚（9.92）。正是因为发展中国家较高的知识产权风险，许多跨国公司不愿意把其拥有的核心技术向其转移。Cannicea（2003）的研究结论认为，由于发展中国家普遍存在知识产权保护不力的情况，因此，跨国公司在进行国际技术转移时往往只愿意转让其非核心技术。这样的恶性循环直接会影响研发联盟合作的开展和持续稳定。Lee、Mansfield（1996）指出，与企业的知识产权保护水平很低或知识产权几乎没有受到保护的情况相比，一个来自于具有完备知识产权体系的国家的企业进行国际交易时，知识资产被挪用的危险要小很多。

表4.1　亚洲12个国家和地区知识产权风险指数

排位	国家和地区	风险指数
1	新加坡	2.8
2	日本	2.84
3	中国香港	4.88
4	中国台湾	5.58
5	韩国	5.88
6	马来西亚	6.43
7	菲律宾	7.42

排位	国家和地区	风险指数
8	泰国	7.84
9	越南	8.07
10	印度	8.88
11	中国	9.34
12	印度尼西亚	9.92

除此之外，企业存在着不同程度的知识产权意识单薄、知识产权化能力低下、知识产权制度应用能力差等实际情况。企业对知识产权的相关法律常识应该加以重视，因为如果在合作研发过程中忽视了知识产权问题，往往会造成自身有意或无意地侵犯了知识产权，企业的知识产权意识越高，知识产权风险就越小。另外，在研发合作谈判中，企业缺乏知识产权相关的专业知识和经验。例如，据调查显示，中国企业在国际研发合作中，所涉及的知识产权条款，近80%的企业仅使用了原则性条款，只有14%的企业在相关协议中有较详细的知识产权条款。这些现象都是我国企业知识产权意识薄弱的表现，这将直接影响企业在研发联盟中的合作。如果执法机关的设置及人员配置难以适应知识产权保护的需要，行政执法与司法保护存在脱节现象，并且执法不严，这些现象的存在会导致企业产生侵犯知识产权的侥幸心理。因此，加大知识产权保护的相关法律执法力度，能够有效控制知识产权风险。

4.2 影响研发联盟稳定性的知识产权风险要素示意模型构建

Ring、Van De Ven（2003）指出，研发合作的合作伙伴要面临两种风险：关于合作的风险和关于未来环境的风险。根据上文关于研发联盟知识产权风险的成因分析可知，研发联盟中的知识产权风险主要来自于联盟内部及联盟外部的社会环境，即研发联盟自身独特的组织和信息流、知识流的特性等因素导致知识产权的内生风险，社会知识产权保护体制的不完善和知识产权保护意识淡薄形成了知识产权的外生风险。根据知识产权成因来源，可以建立研发联盟中知识产权风险要素评价系统，见表4.2。

表4.2　研发联盟知识产权风险要素评价指标

评价指标	二级指标	风险后果
研发联盟组织特性	组织目标	可能导致企业自身核心技术的泄露和知识产权流失，培育出潜在的市场竞争对手，甚至造成核心能力的丧失
	组织成员属性	合作伙伴信用缺失，可能会出现合作方的恶意窃取、挪用或套取知识产权等败德行为的出现；关键技术人才流失；客户关系流失等，降低了对合作伙伴的约束，可能会出现一些成员企业中途退出并带走联盟重要商业机密和技术秘密等
	组织结构	组建阶段的信息不对称将导致逆向选择问题；成果分配和权利归属阶段的信息不对称将导致知识产权的界定、归属与分配上的不公
知识特性	知识显性化	专利和技术秘密创新容易被模仿，造成知识产权的流失，而且不易被察觉；知识具有半公共产品特性，风险更大
	知识外溢	在没有从联盟得到相应回报之前，知识外溢带来的将是知识资产流失、投入难以回收、竞争优势丧失等市场风险
	知识漏损	参与各方对知识的理解和接受能力的不同，可能造成知识的破损，破坏了知识的完整性或篡改了原有知识内容
知识产权环境	知识产权法律体系不完善	知识产权风险指数居高不下；企业要保护所转移的先进技术的产权非常困难，导致企业之间不愿意转移先进技术的恶性循环
	企业自身知识产权管理和保护水平低	对知识产权的管理缺乏有效的风险防范体制和完善的知识产权保护体系，造成知识产权流失，在研发合作过程中，难以制定全面的合作契约

总体来看，通过上述系统分析，可以得到知识产权风险影响研发联盟稳定性的二级结构模型，如图4.3所示。

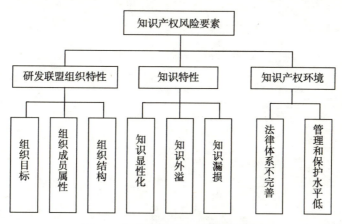

图4.3 知识产权风险要素示意模型

第5章

>> 影响研发联盟稳定性的知识产权风险
作用机理分析

5.1 基于组织特性的知识产权风险作用机理

根据第4章所讨论的知识产权风险要素的内容，基于组织特性的知识产权风险主要从组织目标、组织成员属性及组织结构这三方面内容展开，因此，这类知识产权风险主要来源于研发联盟的目标不清晰、联盟成员素质低以及研发联盟组织结构不合理。在作用于研发联盟稳定性的过程中，这三个方面的要素将分别会有更为细化具体的影响，在图5.1~图5.3中将以要素细分的方式对此进行说明，但这并不影响本书对基于组织特性的知识产权风险要素的划分。

5.1.1 对资源整合有效度的作用

合作动机（Richter F.J., Vettel L., 1995）、学习和吸收能力（Hamel

G，1991）、企业对员工的管理方式（David R.H.，2006）、合作成员特性
（张克英等，2006）所形成的知识产权风险会使得研发联盟资源整合边界
不清晰，联盟内企业难以形成共同目标并制定自身与其合作伙伴之间的资
源共享计划，从而对于资源整合的内容认识不充分。同时，这些知识产权
风险会降低研发联盟相关成员企业的声誉，并进一步增加研发合作伙伴间
的信息不对称性，造成成员企业对声誉较差的合作伙伴在知识、技术以及
信息上有所保留，因而也将影响到资源整合的有效度（图5.1）。

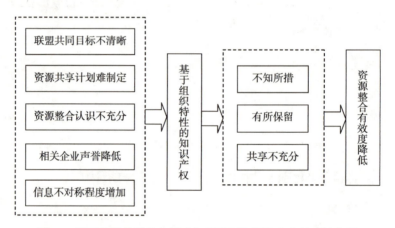

图5.1　基于组织特性的知识产权风险对资源整合有效度的作用

5.1.2　对协调管理有序度的作用

　　研发联盟目标不清晰将直接影响联盟内协调管理的有序度。联盟内企
业成员声誉的降低需要联盟施加更多的关注和约束，以防止相关企业做出
有损其他合作伙伴的败德行为。但实际上，对信誉较差、有败德动机的成
员企业进行监督和引导，将会在很大程度上增加对联盟管理的工作量和难
度。在此背景下，由于研发联盟内可能存在企业间学习能力的差异，从而
导致学习能力处于劣势的企业缺乏参与合作的激励，并在资源共享、收益
分配中都处于不利地位；处于优势地位的企业通过研发合作则能增强其自

身的能力，掌握原本自身不具备的具有互补性的知识资源，从而在联盟中加剧合作伙伴之间的不平等现象，甚至引发合作中断的后果。这种现象将使得研发联盟的协调管理难度加大。同时，研发联盟内企业间信任程度的降低以及企业对自身知识产权保护意识的薄弱，也会形成研发联盟协调管理的障碍，影响研发合作的进程和效果。或者，由于较弱的知识产权保护意识的存在，企业会发生研发联盟内的知识产权的流失。此外，如果研发联盟的一体化程度较低，采用契约型的组织结构时，对合作研发过程中出现的合作各方权益、职责的说明和分配可能没有充分全面地在合作契约中加以说明，也会造成合作契约的不完备，从而给研发联盟的协调管理增加困难（图5.2）。

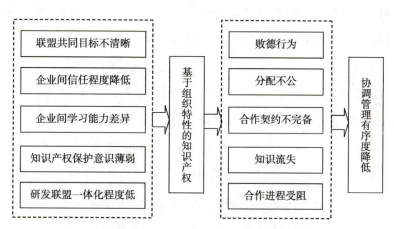

图5.2　基于组织特性的知识产权风险对协调管理有序度的作用

5.1.3　对关系相处亲密度的作用

紧密良好的合作关系一般开始于单一和清晰的战略愿景，目标的相关性有助于合作各方在合作过程中达成共识，减少合作中的阻碍（Angeles R.，Nath R.，2000），而研发联盟的失败则归因于合作各方缺乏可以共享的一致性目标。同时，不现实的目标期望也会影响合作企业间长期紧密关系的建立（Hatfield，Pearce，1994）。Stafford（1994）认为，联盟参与者经常在实现其联盟目标的过程中不够耐心，因此，不完善的战略规划与执行结果形成的目标冲突将会破坏联盟参与者在合作中的战略定位，从而破坏其合作关系。

研发联盟成员企业信誉降低会直接影响其与其他合作伙伴的技术交流与知识共享，阻碍亲密合作关系的建立。联盟成员企业的学习能力差异较大，造成合作伙伴之间沟通的信息由双向流动变为往学习能力较强企业的单向流动，为后续的沟通带来不利影响，甚至难以持续合作下去。这将进一步影响企业间在专用资产方面的投资，增加企业间机会主义行为的产生（Williamson，1985），妨碍企业间的理解与默契，增加合作成本。合作企业间相互信任程度的降低也表现为对合作伙伴组织文化的不认同，从而使得企业间沟通有效性下降，难以进行持续合作。是否与合作伙伴间的文化相融，主要表现为其是否具有开放性的文化。在长期的合作关系中，企业文化的相容性是企业间高质量合作的必要因素（Stafford E.R.，1994）。在研发联盟中，相融文化不仅可以避免无谓的误解与冲突，而且可以迅速高效地解决已产生的冲突与矛盾，提高合作关系的亲密度。

如果联盟成员企业间经营内容相似程度较高，具有竞争或潜在竞争关系特征，则会导致企业间在合作中有所顾及与保留，影响成员间相处的亲密程度（图5.3）。

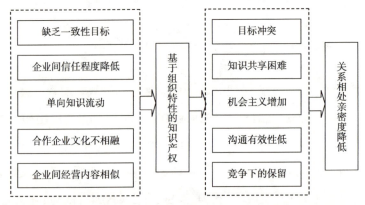

图5.3　基于组织特性的知识产权风险对关系相处亲密度的作用

此外，研发联盟内新知识产权的实现需要较为完善的支撑体系，不仅要在企业内部进行相应的技术支持、组织设计和制度安排，而且要在企业间增强沟通的有效性、建立稳定的信任关系并培育浓厚的共享文化。进一步地，还要从市场环境、产业环境和法律法规等三个方面构建良好的外部环境。对研发联盟中所产生的新知识产权，需要以契约为起点，以合同契约、关系契约和权威进行协调管理，避免或降低企业间合作过程中的无效率行为。在合同契约中，规定新知识产权的分配方式或者决定新知识产权分配方式的主体与机制；在关系契约中，以目标、声誉、信任、地位、文化等要素对新知识产权的相关问题进行协调；而具有影响力的强知识产权企业或第三方则形成解决新知识产权问题的重要主体。这些具体作用将作为知识产权风险的组织特性，对研发联盟的稳定性产生影响。

根据上述分析，本书提出以下假设：

H1a：基于组织特性的知识产权风险对研发联盟资源整合有效度具有显著负向作用；

H1b：基于组织特性的知识产权风险对研发联盟协调管理有序度具有显著负向作用；

H1c：基于组织特性的知识产权风险对研发联盟关系相处亲密度具有显著负向作用。

5.2 基于知识特性的知识产权风险作用机理

根据第4章所讨论的知识产权风险要素的内容，基于知识特性的知识产权风险主要从知识显性化、知识外溢以及知识漏损这三方面内容展开，因此，这类知识产权风险主要来源于研发联盟的知识内隐程度高、知识员工流失以及知识范围广泛等。在作用于研发联盟稳定性的过程中，这三个方面的要素将分别会有更为细化具体的影响，在图5.4、图5.6、图5.7中将以要素细分的方式对此进行说明，但这并不影响本书对基于知识特性的知识产权风险要素的划分。

5.2.1　对资源整合有效度的作用

知识的内隐性程度越高，联盟成员伙伴之间越难以在技术上进行充分的交流和共享，合作中的信息也不能保持透明，从而研发联盟的资源越难以得到充分整合。由于知识内隐性而形成的合作中对知识使用的不自觉或者无意识，研发联盟中合作各方在互动交流过程中，通过网络信息技术的深度交流与演示，将产生知识发送方隐性知识泄露下知识资源被掠夺、知识产权被侵犯的风险，甚至会造成知识发送方核心知识的泄露（张克英，2006），这种资源整合是被动式的，在承担相应风险的同时，无法提高联盟内资源整合的效率。如果知识接收方同时参与了多个合作，在其与其他企业合作而相互学习的过程中，这些知识可能有意或无意地泄露给联盟之外的合作伙伴，从而侵犯知识所有者的知识产权，对于研发联盟来说，也不利于联盟内的资源整合，并进一步影响研发联盟的稳定性。另外，知识的复杂性程度越高，所涉及的知识范围就越广泛，当合作伙伴之间为了共同的研发目标，需要进行技术知识的共享时，由于该项技术知识的复杂性较高，会影响接受者对知识整体的理解程度，导致知识共享的不效率，影响研发联盟整合资源的效果；知识的系统性程度越高，代表着被共享知识与其背景知识的关联度越高，一方面会导致知识接收方不容易完全能够消化所共享的知识，另一方面，由于知识发送方面临着需要共享合作所需之外的技术知识，增强了竞争对手的实力，往往会因此有所保留，从而最终会影响研发联盟资源整合的有效度（图5.4）。

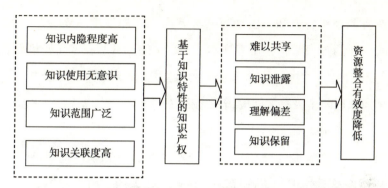

图5.4 基于知识特性的知识产权风险对资源整合有效度的作用

由此可见，基于知识特性的知识产权风险强度越高，研发联盟的整合资源有效程度就越低，图5.5可以较为清晰地反映这一关系。

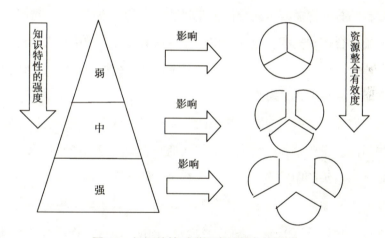

图5.5 知识特性对联盟资源整合的影响

5.2.2 对协调管理有序度的作用

从知识特性的角度来看，由于知识的内隐性所引发的知识产权风险，说明合作伙伴之间的知识共享过程中，容易发生知识外溢，给知识持有方企业带来与合作无关的知识流失。在隐性知识显性化过程中，共享知识和信息资源也会导致企业本事核心技术的泄露和知识产权流失。由此，研发联盟在协调合作各方知识流动与共享方面将增加难度。Mansfield（2002）进行的一项调查表明，在调查样本中，60%的专利和技术秘密创新在4年之内全部被模仿。因此，多数知识具有半公共产品特性，位于公共产品和完全内化知识这两个极端之间的谱系之内（KAZ MIYAGIWA，YUKA OHNO，2002）。

同时，知识复杂性将使得参与合作的各方对知识的理解能力各不相同，从而偏离对知识的正确理解，并破坏知识的完整性和原有结构。此外，在较高的知识系统性下，共享知识的关联程度增加，知识范围更广、知识深度更大，合作伙伴间正确理解共享知识的难度提升，并进一步增加协调管理的困难。研发联盟的管理，从合作伙伴的选择、契约的制定直至合作权益的分配都需要重视合作企业间的知识共享协调，需要选择研发能力相匹配、合作动机相一致的合作伙伴，从而保证合作中技术交流和知识共享的质量。但是，知识在内隐性、复杂性及系统性方面的强化，会降低研发联盟企业间协调管理的有序度。

另一方面，掌握企业隐性知识的重要员工的流失，同样会形成知识产权流失风险。企业培养的技术人员往往拥有企业关键的隐性知识，这些存在于技术人员头脑中的隐性知识需要在企业间合作中得到合适的显性化与运用。研发联盟内"面对面交流"的知识转移方式，要求相关人员的人际互动沟通，合作各方的参与人员需要相互了解，但是，各方人员之间文化背景的差异、知识结构的差异等会增加企业间协调管理的难度。同时，合作过程中还可能出现合作一方利用更高的薪水、职位或福利等优厚条件，吸纳对方企业的重要技术人员，这将会进一步加剧研发联盟协调管理的困难（图5.6）。

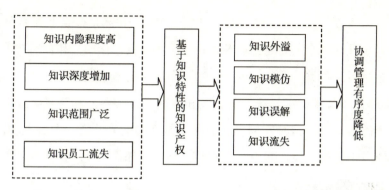

图5.6 基于知识特性的知识产权风险对协调管理有序度的作用

5.2.3 对关系相处亲密度的作用

依据 Reed、DeFillippi（1990）、Nonaka（1994）、Nonaka、Takeuchi（1995）、Hedlund（1994）、Inkpen（1996）、Howells（1996）等的研究，研发联盟中合作伙伴之间经常需要就合作项目进行深度沟通和演示，这需要在合作过程中不断深化企业间的合作关系，一方面可以增强企业间的合作意愿，另一方面，有利于内隐知识的外显化。如果企业间相互防范的意识比较强，虽然可以更为有效地防止知识被挪用、模仿或复制，从而维持或增强自身的竞争优势，但实际上，将会影响到企业间的互动与合作关系的加深。

研发联盟中合作企业间在知识资源方面的互补性将有利于增强合作各方关系发展的潜力，并会显著增强合作企业间彼此的合作意愿（Gadde, Snehota，2000）。由于知识内隐性主要体现在企业长期积累的经验和难以用文字语言完整表达出来的知识，所以，合作伙伴之间进行知识交流和共享的难度会较大，从而影响合作伙伴之间沟通的顺畅性。知识的复杂特征使得企业进行知识共享时会泄露出许多与合作无关的知识，对于知识接收方而言，一方面知识理解的难度加大了，另一方面可以获取到合作所需之外的知识，这两方面都会使得合作伙伴之间的关系产生疏远现象。

企业技术知识组成成分的多少以及成分之间的相互依赖程度形成了知

识的复杂程度，Chesbrough H.W.、Teece D.J.（1996）把企业技术分为系统技术（只有与特定的配套技术共同使用才能发挥作用）和自治技术（可以独立使用）两类。而 Barnett（1990）则认为技术系统可以分为统一技术（组成部分和技术标准是统一的，互相之间可以转移）和差异化技术（不同系统的组成部分以及它们之间的联系是不同的）两类。在研发联盟中，企业间由于合作的技术知识类型不同，相互间知识匹配较为困难，形成的关系亲密程度也具有差异（图5.7）。

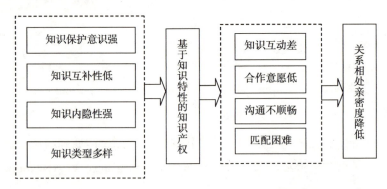

图5.7　基于知识特性的知识产权风险对关系相处亲密度的作用

总体上看，企业与其合作伙伴之间的关系相处得好坏，会直接影响到研发合作的效果，图5.8可以较为清晰地反映这一关系。

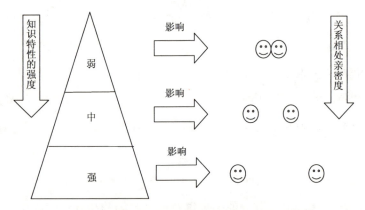

图5.8　知识特性对关系相处亲密度的影响

根据上述分析，本书提出以下假设：

H2a：基于知识特性的知识产权风险对研发联盟资源整合有效度具有显著负向作用；

H2b：基于知识特性的知识产权风险对研发联盟协调管理有序度具有显著负向作用；

H2c：基于知识特性的知识产权风险对研发联盟关系相处亲密度具有显著负向作用。

5.3 基于知识产权环境的知识产权风险作用机理

根据第4章所讨论的知识产权风险要素的内容，基于知识产权环境的知识产权风险主要从法律体系不完善、管理保护水平低这两个方面内容展开。在作用于研发联盟稳定性的过程中，这三个方面的要素将分别会有更为细化具体的影响，在图5.9、图5.10中将以要素细分的方式对此进行说明，但这并不影响本书对基于知识产权环境的知识产权风险要素的划分。

5.3.1 对资源整合有效度的作用

知识产权立法和执法尚不完善，是影响创新研发活动的主要因素之一。Lee、Mansfield（1996）指出，知识产权体系完备程度存在差异的背景下，来自不同环境的企业间进行合作，其中，知识产权体系较完备环境下的企业，其知识产权被挪用的风险会比相应降低很多。不完善的执法机制在某种程度上则助长了研发合作中知识产权随机行为的发生。Cannicea（2003）进一步指出，由于发展中国家普遍存在知识产权保护不力的情况，因此，跨国公司在进行国际技术转移时往往只愿意转让非核心技术。这种现象势必影响研发联盟中企业间资源整合的有效程度，降低研发合作效率。

知识产权相关法律法规的制定意图，除了保护知识成果所有者的利益之外，也兼顾公平，这使得很多情况下，企业被迫公开自身拥有的知识产权，削弱了其核心竞争实力和无形资产实力，影响了其在研发联盟中的合作地位。例如，中国《专利法》在起到激励创新作用的同时，通过一系列制度安排促使创新被广泛地推广和应用，具体表现为专利的公开制度、许可和转让制度、权利限制制度、有限保护期制度等。因此，这些制度安排可能带来知识产权风险。以专利为例，其保护期一般为10~20年，然而，不同创新技术的生命周期是不同的，尤其是目前，一些企业为了维持其竞争优势或垄断某方面技术，在研发思想刚刚形成时就申报专利，结果造成创新成果尚未产业化或处于产业化初期时，专利已经到期失效而成为公共知识，致使合作研发时，合作方可以无偿使用这一专利技术，严重影响合作中的资源整合利用。

高昂的知识产权获取和维持成本也使得某些企业在无法或很难支付知识产权相关费用时，选择通过研发合作侵犯其合作伙伴的知识产权。例如，美国每一项专利的研发费用平均为400万美元，获得专利的平均成本为2万美元，每年要支付几千美元的专利维持费用。为了获得一个世界范围内的专利法律保护，至少需要20万美元的投资。因此，企业知识产权相关内容保护的费用较高，知识产权风险也随之增大，不利于企业间的资源整合。

研发联盟中的企业由于所拥有的知识产权存在差异而形成不同的地位，我们可以把占有关键知识产权的企业成为强知识产权企业，而不具有关键知识产权的企业则为弱知识产权企业。这样，在研发联盟中将会出现各种不同的合作方式。例如，若是两家企业合作，将会产生强强、强弱、弱弱三种合作方式；若是三家合作，则会有强强强、强强弱、强弱弱、弱弱弱四种情况。伴随合作企业数量的增多，合作状况将会更加复杂。然而，强知识产权企业与弱知识产权企业从合作之前以至合作过程的各个环节上，始终处于不平等的地位，企业之间难以进行充分的知识资源共享和保持信息透明化。此外，对于弱知识产权企业来说，其自身的知识产权管理制度和保护意识不完善，会导致企业在合作初期对共享资源、信息的投入范围和程度难以准确把握，对其合作伙伴投入的资源、信息的可靠性和真实性也难以准确估计，并由此影响资源整合的有效度。对于强知识产权企业来说，则会产生过度的知识产权保护现象，以至于在研发联盟中，合作企业从合作开始到最后的成果分配都会产生抑制合作效率的保守行为，从而使得从对方知识产权中获取利益的诉求实际上难以得到满足。这种由于知识产权强弱而产生的对知识产权过度或不足的保护行为，也是影响研发联盟稳定性的重要原因。

企业对自身知识产权保护过度，导致在研发联盟中，合作企业从合作开始到最后的成果分配都处于不平等地位。以上这些问题都会造成研发联盟合作伙伴之间难以进行充分的知识资源共享和保持信息透明化。此外，成员企业自身的知识产权管理制度和保护意识不完善，也会导致企业在合作初期对共享资源和信息的投入范围和程度难以准确把握，对其合作伙伴投入的资源和信息的可靠性和真实性也难以准确估计，并由此影响资源整合的有效度（图5.9）。

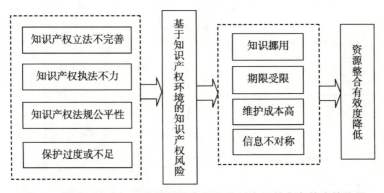

图5.9　基于知识产权环境的知识产权风险对资源整合有效度的作用

5.3.2　对协调管理有序度的作用

知识产权法律制度的地域性与合作研发的无地域性矛盾冲突，会形成跨区域情境下的知识产权风险。专业化分工趋势、技术进步以及网络技术的发展，使得跨区域、跨国家的合作研发越来越普遍，由于各国的知识产权法律体系不统一，知识产权保护程度不同，使得跨区域的合作研发中，一旦发生知识产权投入或创新成果权益分配方面的纠纷，不同的法律对纠纷的处理结果可能不同，企业可能会在这类纠纷中丧失在部分地区的某些知识产权。与此相伴的是，对跨区域研发联盟的协调管理的难度将迅速增大。

企业自身的知识产权意识薄弱，会影响协调管理的有序进行。由于对知识产权管理缺乏有效的风险防范体制和完善的知识产权保护体系，难以高效率地进行企业间知识合作管理。相关统计表明，拥有自主知识产权的中国企业仅占万分之三，99%的企业没有申请专利；拥有自己商标的中国企业只占40%。

知识产权法律立法和执法机制不完善可能会导致研发联盟的合作伙伴出现故意窃取对方知识产权或在知识共享中有意减少自身提供的知识数量的败德行为。若研发联盟的各合作伙伴之间在管理制度和保护意识水平上相差较大，那么在合作初期制定合作契约时，容易出现疏漏，不能全面涵盖合作中所涉及的权利和义务，更难以保证有效监督的实施，这将为研发联盟内的协调管理带来困难（图5.10）。

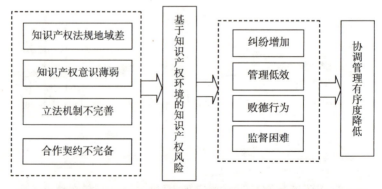

图 5.10　基于知识产权环境的知识产权风险对协调管理有序度的作用

5.3.3　对关系相处亲密度的作用

合作研发作为一个多阶段、不连续的过程，在合作中各方企业投入的主要是知识资产，投入的真实性、先进性、可靠性都很难鉴定，也难以准确计量。由于合作研发活动的复杂性，合作契约很难完全涵盖未来合作中可能涉及的与知识产权有关的矛盾和冲突，合同契约的不完备降低了对联盟成员的约束，可能会造成一方企业由于投机行为而退出合作，并带走合作方或联盟的重要技术或秘密，从而影响研发合作企业间的关系。

保护过度会导致知识产权被滥用，即知识产权权利人在行使其权利时超出了法律所允许的范围或界限，从而损害了其他企业或个人的利益。由于知识产权的无形性、产权边界的模糊性，知识产权滥用现象在国际和国内都很普遍。跨国企业将知识产权视为重要的无形资产和全球竞争的重要工具，利用知识产权构成与合作企业进行谈判并变相加价。例如，一些国外企业在与我国企业进行研发合作时，合作契约或技术转让合同规定，受让方后续研究开发成果知识产权归转让方所有。因此，在与掌握知识产权的企业合作时，合作企业在知识产权的投入和创新成果分享方面缺少话语权，被边缘化，导致创新成果的流失，从而也使得合作各方的关系难以融洽或维持可持续性的合作关系。

在研发联盟中，如果有些企业管理经验不足，不懂或不重视专利等方面的文献检索，在与其他企业尤其是国外企业合作时，容易落入"知识产权陷阱"。例如，有的企业所提供的知识产权即将到期或已经失效，而有的合作企业提供的知识则侵犯他人知识产权，使合作陷入与第三方的知识产权纠纷或面临共同侵权的危险，这些都会恶化企业间的研发合作关系。若联盟中的企业来自于不同国家，那么由于不同国家对知识产权相关法律法规制定的内容有所不同，使得各合作伙伴之间在知识产权问题上沟通的难度加大了。此外，若合作伙伴之间在管理和知识产权保护意识水平上相处较大距离，则会在合作研发过程中容易发生知识产权泄露、知识外溢等风险，难以维持合作关系（图5.11）。

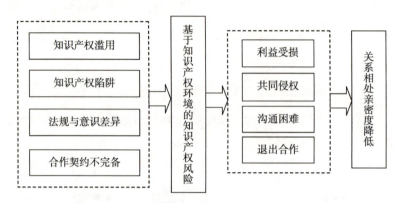

图5.11　基于知识产权环境的知识产权风险对关系相处亲密度的作用

根据上述分析，本书提出以下假设：

H3a：基于知识产权环境的知识产权风险对研发联盟资源整合有效度具有显著负向作用；

H3b：基于知识产权环境的知识产权风险对研发联盟协调管理有序度具有显著负向作用；

H3c：基于知识产权环境的知识产权风险对研发联盟关系相处亲密度具有显著负向作用。

5.4 知识产权风险作用机理模型

5.4.1 问题研究假设

研究假设归纳总表见表5.1。

表5.1 研究假设归纳总表

序号	假设类型	假设	具体内容
1	基于组织特性的知识产权风险与研发联盟稳定性	H1a	基于组织特性的知识产权风险对研发联盟资源整合有效度具有显著负向作用
2		H1b	基于组织特性的知识产权风险对研发联盟协调管理有序度具有显著负向作用
3		H1c	基于组织特性的知识产权风险对研发联盟关系相处亲密度具有显著负向作用
4	基于知识特性的知识产权风险与研发联盟稳定性	H2a	基于知识特性的知识产权风险对研发联盟资源整合有效度具有显著负向作用
5		H2b	基于知识特性的知识产权风险对研发联盟协调管理有序度具有显著负向作用
6		H2c	基于知识特性的知识产权风险对研发联盟关系相处亲密度具有显著负向作用
7	基于知识产权环境的知识产权风险与研发联盟稳定性	H3a	基于知识产权环境的知识产权风险对研发联盟资源整合有效度具有显著负向作用
8		H3b	基于知识产权环境的知识产权风险对研发联盟协调管理有序度具有显著负向作用
9		H3c	基于知识产权环境的知识产权风险对研发联盟关系相处亲密度具有显著负向作用

5.4.2 理论模型的支持

知识产权风险作用于研发联盟稳定性的研究理论模型如图5.12所示。

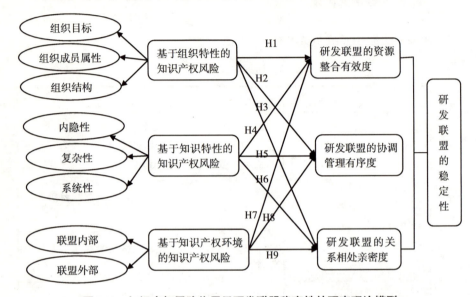

图5.12 知识产权风险作用于研发联盟稳定性的研究理论模型

第6章

>> 案例实证

本研究采用企业问卷调查的方式进行数据收集。本研究结合已有研究量表、对相关企业的实地访谈以及专业意见进行调查问卷设计,经由问卷发放、数据收集、数据录入、数据分析等步骤展开实证研究。下面将从调查问卷设计概述和变量分析方面展开讨论。

6.1 调查问卷的设计

6.1.1 调查问卷设计概述

合理的问卷设计是保证数据信度和效度的重要前提。因为在变量的测量题项具有一致性的情况下,多题项比单题项更能提高信度(Churchill,1979),所以本问卷中采用多题项对变量进行测量。另外,根据 Churchill(1979)、Gerbing、Anderson(1988)、Dunn、Seaker、Waller(1994)等的建议,参考李正卫(2003)、陈学光(2007)、刘雪峰(2007)、徐冠南(2008)等人的研究,本书通过以下流程科学地进行问卷设计:

（1）通过文献回顾以及与企业界的经验调查与访谈形成问卷题项。在合作研发、研发联盟、研发联盟稳定性、知识产权风险等文献进行阅读分析的基础上，借鉴其中权威研究的理论构想以及被广泛引用的实证研究文献中的已有量表，本书对测量题项进行设计，得出初始测量指标，形成问卷初稿。

（2）通过与学术界专家讨论对问卷题项进行修改。本书作者就本书所涉及的变量之间的关系以及问卷的设置等内容进行多次专门的学术会议探讨。与学术领域的相关研究者的访谈内容主要包括：问卷中设置的问项是否与研究目标有关；问项的设计是否覆盖了所要测量的变量，是否遗漏某些重要的内容；研究目的和预期的研究结论是否能够统一。最后，对题项措辞与题项归类进行调整，并对部分题项进行删减，形成第二稿问卷。

（3）通过与企业界专家讨论对问卷题项进行修改。为了确保本研究所设定的变量之间的关系符合实践基础，并较好地揭示组织性引发的知识产权风险、基于知识特性的知识产权风险和知识产权环境对研发联盟稳定性的作用，本研究在大规模发放问卷之前，先同南通产业研究院、联合国南通农药剂型开发中心等多家知识密集型相关企业的高层管理人员及技术负责人进行了小规模的深度访谈，并根据访谈的内容，对问卷的设计进行了修改。通过预测试对题项进行纯化，最终问卷定稿。将问卷发给35位企业中高层管理人员、技术人员进行预测试，根据他们的反馈做初步检验分析，对问卷做进一步修改完善，在此基础上形成了调查问卷的最终稿。修正前后各变量测量数目见表6.1。

表6.1　量表修订前后变量测量项目数量的比较　　　　单位：个

项目	自变量			因变量			总计
	基于组织特性的知识产权风险	基于知识特性的知识产权风险	基于知识产权环境的知识产权风险	资源整合有效度	协调管理有序度	关系相处亲密度	
初始量表	21	24	19	14	33	17	128
修订量表	10	11	11	9	27	10	78

6.1.2 变量的汇总、测量与归纳

1. 变量的汇总

根据图 5.12 所示研究的概念模型，本书涉及的研究变量可以划分为两类：

（1）自变量。主要包括基于组织特性的知识产权风险、基于知识特性的知识产权风险、基于知识产权环境的知识产权风险，具体共考察 8 个子维度的自变量。其中，基于组织特性的知识产权风险包括组织目标、组织成员属性和组织结构三个子维度；基于知识特性的知识产权风险包括知识的内隐性、知识复杂性和知识系统性三个子维度；基于知识产权环境的知识产权风险包括联盟内部知识产权环境和联盟外部知识产权环境两个子维度。

（2）因变量。本研究包含三个因变量，即整合资源有效度、协调管理有序度和关系相处亲密度。其中，资源整合有效度包括技术研发能力、资产实力、信息透明度三个子维度；协调管理有序度包括合作伙伴、研发过程和绩效评价与权益分配三个子维度；关系相处亲密度包括心理耦合、渠道耦合和内容耦合三个子维度。

本研究中大部分变量的测量，是参考国内外已有研究文献，并根据本研究的实际需要进行了适当的修正。小部分变量是根据概念定义，并结合研究的实际背景而设置的。

2. 自变量的测量

自变量来源见表 6.2。

表 6.2 自变量来源

自变量	来　源
组织目标	Ring，Van de Ven（2003）等
组织成员属性	Patricia. Norman（2001）；Frank-Jurgen Richter，Lai Vettel（1995）；Hamel G.（1991）等

自变量	来　源
组织结构	Chung-Jen Chen（2002）；Hagedoorn J.（2002）；Pisano G. P（1989）；Oxley J. E（1997）等
知识内隐性	Polanyi（1962）；Nonaka，Takeuchi（1996）；Polanyi（1967）；Hedlund（1994）；Nonaka，Takeuchi，（1995）；Szulanski（1996）等
知识复杂性	Kogut，Zander（1993）；Tyre（1991）；Kogut，Zander（1993）；Simonin（1990）；Reed，DeFillippi（1990）；Hansen（1999）等
知识系统性	Winter（1987）；Mosakowski（1997）；Barney（1991）；Reed，DeFillippi（1990）等
研发联盟内部知识产权环境	Lee，Mansfield（1996）；Ring，Van de Ven（2003）；方明（2004）；汪忠，黄瑞华，张克英（2006）等
研发联盟外部知识产权环境	Lee，Mansfield（1996）；Ring，Van de Ven（2003），C lark D（2000）；汪忠，黄瑞华，张克英（2006）等

3. 因变量的测量

因变量来源见表6.3。

表6.3　因变量来源

因变量	来　源
技术研发能力	王雪原，王雅林（2010）；Wernerfelt（1984）（Wernerfelt B.A resource-based view of the firm. Strategic Management Journal，1983（5）：171-180）；Barney（1991）（Barney B . Firm resources and sustained competitive advantage. Journal of Management，1991（17）：99-120）；杨洪涛，石春生，姜莹（2011）等
资产实力	王雪原，王雅林（2010）；王向晖，胡继云（2001）；杨洪涛，石春生，姜莹（2011）等
信息透明度	王雪原，王雅林（2010）；杨洪涛，石春生，姜莹（2011）等
合作伙伴	Harrigan K.R（1988）；Park，Russo（1996）；陈剑涛(2004)；杨洪涛，石春生，姜莹（2011）等
研发过程	DYER J.H.，SINGH H（1998）；ANDREW PIROLA-MERLO（2002）；刘云，梁栋国（2007）；杨洪涛，石春生，姜莹（2011）等

续表

因变量	来 源
绩效评价与权益分配	王西京，张克英，张国瑾（2009）；杨洪涛，石春生，姜莹（2011）；王安宇，司春林（2007）等
心理耦合	陈艺文(2002)；Morgan，Hunt（1994）；Moorman，Deshpande，Zaltman（1993）；Friman M.，et al.（2002）；Korsgaard（1995）等
渠道耦合	Glaister，Keith W，Buckley（1997）；Brouthers K D（1995）；Paul E Bierl（2007）等
内容耦合	Geringer JM（1988）；Glaister，Keith W，Buckley（1997）；Brouthers K D（1995）；Paul E Bierl（2007）等

6.1.3　调查问卷的形成

通过上述测量体系的构建，所有潜变量的测量指标已确定，最终可以形成本研究的调查问卷。李克特（Likert-type scale）填答方式，通常以四至六点量表法，为多数研究者与学者采用。Berdie（1994）认为五点量表法是最可靠的，它的内部一致性较佳。本调查问卷的问题就采用李克特5点量表（5-point Likert scale，非常不同意=1，非常同意=5）形式来回答。问卷由三部分内容组成：基本信息，研发联盟的知识产权风险调查，研发联盟的稳定性调查。正式发放的调查问卷参见附录。

6.2　数据的收集

6.2.1　样本对象的选择

本次调研的地域范围是以上海、江苏为主的长三角经济圈，该地区是中国技术研发创新发展较活跃的区域。样本最初的选择集中于上海张江高新区的相关企业，作者曾于2012年3月至2012年6月期间，以电子邮件的形式发放问卷，但由于不方便沟通以及对方可能存在的戒备心理，导致问卷回收率很低，仅得到54份完整回答的调查问卷。

　　鉴于此，本研究选择了国家级的技术示范区南通科技园与无锡新区作为主要样本对象，在该园区注册并在此区域办公的知识密集型生产性服务企业有118家，研究得到了科技园区管理办公室的大力支持。南通科技园与无锡新区内从事生物制药企业、化工企业及通信半导体企业的中高层管理者或技术主管即构成了本研究中问卷的主要填写者。

6.2.2　样本容量的确定

　　在研究设计中，受试者的数目要多大才算具有代表性，多少位样本才算"够大"（large enough），这个议题，社会科学领域中似乎还没有一致结论。其中Boomsma（1982）发现不论是模型恰当解的百分率、参数估计的精确性，还是扩统计量的分布，研究结果显示N愈大愈好，因此，建议N最少大于100；Benter（1989）建议 $N：t > 5：1$，被试样本数是变量的五倍。不过Velieer、Fava（1957，1959，1995）回顾相关文献，认为N：t越大越好的建议并没有多大的根据（彭澎，2007，p.121）。选取有代表性的样本比选取不具代表性而众多的样本人数来得重要（吴明隆，2003，p.18）。本研究接受Boomsma（1982）关于最低样本容量的观点，即满足样本容量最少大于100的要求。实际上，本书的样本容量达到了189份。

6.2.3　问卷回收与初筛

　　为了保证问卷的填写质量，我们给接受调研的管理人员以及填写问卷的相关人员介绍本研究的背景，解释问卷中出现的概念，并强调本次调研的独立性与非商业性，从而提高问卷填写的准确性、真实性与积极性。同时，我们承诺对有意向的企业以电子版的形式回赠本研究的综合性调研报告，以更有利于调研工作的顺利开展。

　　调查问卷采取纸质版与电子版两种形式发放，其中纸质版问卷发放110份，电子版问卷发放210份，共发放320份问卷。对无法现场进行辅导与解答的样本对象，我们公布联系方式（包括电子邮箱、电话、MSN、QQ等），及时对相关问题进行解答与跟踪。

问卷回收数量达到287份，经过完整性、反向问题判断，删除数据不全或者带有明显倾向性的问卷，最终获得有效问卷189份，有效回收率达到59.06%。

回收问卷之后，我们进行了数据的录入与审核工作。首先利用SPSS16.0软件录入有效问卷的数据。由于题项和数据较多，为了保证数据录入的正确可靠，采用一人输入、一人复查的方式进行，保证数据录入过程的可靠。

6.3 数据分析与统计标准

6.3.1 数据分析

对数据的统计分析采用SPSS16.0与AMOS7.0统计软件相结合。统计分析分三步来进行：第一步是利用探索性因子分析（Exploratory Factor Analysis，EFA）方法来评价量表的结构效度（Construct Validity），利用信度分析（Reliability Analysis）的方法来检验量表的可靠性和稳定性，并利用AMOS的验证性因子分析（Confirmatory Factor Analysis，CFA）来进行验证性分析。第二步是利用AMOS的CFA方法来对各个局部模型进行潜在变量间的关系分析，并对我们所提出的假设进行检验。第三步是利用AMOS的CFA方法来对整个模型中的潜变量进行关系分析，并对整个模型的适配程度进行判定。

为检验量表的结构效度（construct validity），应进行因素分析。所谓结构效度指量表能测量理论的概念或特质的程度。因素分析目的即是找出量表的潜在结构，减少题项的数目，使之变为一组较少而彼此相关较大的变量，此种因素分析方法，是一种"探索性的因素分析"。

CFA试图检验观测变量的因子个数和因子载荷是否与基于预先建立的理论的预期一致。指示变量是基于先验理论选出的，而因子分析是用来看它们是否如预期的一样。研究者的先验假设是每个因子都与一个具体的指示变量子集对应。CFA至少要求预先假设模型中因子的数目，但有时也预期哪些变量依赖哪个因子。例如，研究者试图检验代表潜在变量的观测变量是否真属于一类。

CFA与结构方程模型（Structure Equation Modeling，SEM）分析有着很强的联系。与EFA不同的是，必须选择与每个因子在很大程度上匹配的变量，而不是可能是潜在变量的"随机样本"。

本书虽然有比较坚实的理论基础支撑，但对于在此基础之上所增加的外部变量的测量结构还需要进一步验证，所以本书先采用EFA产生一个关于内部结构的理论，再在此基础上用CFA来进行验证。根据统计分析技术的要求，EFA和CFA必须用分开的数据集来做，因为如果直接把EFA的结果放到统一数据的CFA中，那就仅仅是拟合数据，而不是检验理论结构。所以将收集到有效的189份问卷分为两组（吴明隆，2009），其中94份问卷数据进行EFA因子分析，另外95份数据进行CFA。

6.3.2　统计标准

本研究中，所采用的统计分析判定标准如下：

（1）本研究采用内部一致性系数（Cronbach's coefficient alpha）对各个潜在变量的测量量表进行信度分析，综合众多学者的观点，一份信度系数好的量表或问卷，其总量表的信度系数最好在0.8以上，如果为0.7~0.8，还算是可以接受的范围；如果是分量表（层面），其信度系数最好在0.7以上，如果为0.6~0.7，还可以接受使用，如果分量表的内部一致性系数在0.6以下或总量表的信度系数在0.8以下，应考量重新修订量表或增减题项。本研究遵循以上标准。

（2）本研究采用CFA和SEM分析的方法来对各个变量的测量模型进行验证，并验证各个潜在变量之间相互关系。CFA和SEM分析所采用的模型拟合度指标包括：

——卡方统计量（χ^2）与自由度（df）之比小于2或3时认为模型拟合度较好，本书中将χ^2/df的临界值设为3。

——拟合优度指数GFI（Goodness-of-Fit Index）：一般来说其范围应该为0~1。0代表完全不适配，1代表完美的适配。该指标可以体现模型整体适配的程度，但会受到样本大小的影响。一般建议大于0.80表示模型适配，本书中采用0.80的临界标准。

——调整的拟合优度指数AGFI（Ajusted Goodness-of-Fit Index）：将GFI指标根据模型中参数估计总数的多少进行调整后的拟合指数即为AGFI，本书中设定AGFI > 0.80作为通过标准。

——规范拟合指数NFI（Normed Fit Index）：NFI通过设定模型的卡方值与独立模型的卡方值比较来评价模型。但NFI具有两点局限性：第一，它不能控制自由度，因此卡方值可以通过增加参数来减小；第二，NFI的抽样分布平均值与样本规模N正相关，所以NFI可在小样本时低估模型的拟合度。本书中采用和GFI相同的接受标准。

——比较拟合指数CFI（Comparative Fit Index）：Bentler提出的CFI是通过与独立模型相比较来评价拟合程度，采用了非中心的卡方分布非中心性的参数，这使得CFI即使对小样本估计模型拟合时也能做得好。本书中采用和GFI相同的接受标准。

——近似误差的均方根RMSEA（Root Mean Square Error of Approximation）：近年来，这一指标得到了越来越多的重视，当RMSEA取值为0.050以下而且RMSEA的90%置信区间的上限在0.080以下，表示完美的模型拟合；如果RMSEA > 0.080表示模型拟合较好，本书采用0.080的接受标准。

模型及拟合的评价并不完全是统计问题，即使一个模型拟合了数据，也并不意味着这个模型"正确"或"最好"；反之，即使一个模型没有很好地拟合数据，也不一定就说明这个模型不正确，也有可能是数据和测量方法的限制。

6.4 问卷测量量表的效度和信度分析

本研究对于模型中包含的潜在变量的测量量表的设计是在参考了国外相关研究的基础上而得出的，有些测量变项的效度和信度已经得到过验证。但由于在问卷的设计过程中量表的含义不可能完全和原文一致，而且中国企业管理人员对问卷的反应和国外企业管理人员可能会有所不同，再加上本研究新增加的一些量表的设计还需要检验，所以在统计分析中，针对每个潜在变量，通过项目分析来鉴别不同受试者的反应程度来决定指标项是否保留，再利用 EFA 方法来评价量表的结构效度，利用信度分析的方法来检验量表的可靠性和稳定性，最后通过CFA 来进行验证性分析。在本研究中，EFA 采用了主成分分析的方法并按照以下步骤来进行：抽取主成分为因素，测量变项和因素之间的相关系数（负荷）应大于 0.5，测量变项和非相关的因素之间的交叉负荷应小于 0.4。

6.4.1 知识产权风险测量量表的效度分析

1.基于组织特性的知识产权风险的效度分析

1）基于组织特性的知识产权风险的 EFA

首先检验测量变项之间是否适合进行因素分析，根据 Kaiser（1974）的观点，可从取样适当性数值（Kaiser-Mayer-Olkin Measure of Sampling

Adequacy，KMO）的大小来判别。测量变项间的KMO值为0.897，远高于因素分析的最低标准0.5，同时Bartlett球形检验小于0.001，也支持因素分析。采用主成分分析法进行EFA，以特征根大于或等于1为抽取原则，EFA结果见表6.4、表6.5和表6.6。

表6.4 KMO和Bartlett球体检验

KMO样本充足度测度		0.897
Bartlett球体检验	卡方检验值	523.375
	自由度	15
	P值	0.000

表6.5 特征值和方差贡献表

因子序号	初始值			未经旋转提取因子的载荷平方和		
	总值	方差%	变量共同度%	总值	方差%	变量共同度%
1	4.923	49.231	49.231	4.923	49.231	49.231
2	0.986	9.859	59.090			
3	0.854	8.538	67.628			
4	0.702	7.021	74.650			
5	0.549	5.495	80.144			
6	0.492	4.922	85.066			
7	0.463	4.626	89.692			
8	0.380	3.795	93.487			
9	0.346	3.464	96.951			
10	0.305	3.049	100.000			

提取方法：主成份分析法。

表6.6 因子载荷矩阵

	因子
	1
OC2	0.771
OM2	0.730

	因子
	1
OC1	0.725
OM1	0.721
OC5	0.698
OC3	0.695
OC4	0.692
OJ1	0.662
OJ2	0.659
OJ3	0.655

从测量变项与因素之间的负荷可以看出（见表6.5和表6.6），各测量变项并未如理论假设的那样按照组织目标、组织成员属性和组织结构三个维度来聚集成三个因素，这可能是企业对基于组织特性的知识产权风险的评价趋向于总体印象而造成的，对企业的深度访谈也验证了这一推断。鉴于此，将基于组织特性的知识产权风险用可观测指标来直接测量，基于组织特性的知识产权在各个题项指标上的因子载荷量均大于0.65。

2）基于组织特性的知识产权风险的CFA

经过上述的EFA后，再利用CFA来检验测量变项和潜在变量之间的假设关系，对潜在变量的测量模型进行验证和必要的修饰，为后续全模型的SEM分析做好基础工作。对基于组织特性的知识产权风险的CFA结果如图6.1、图6.2和表6.7所示。

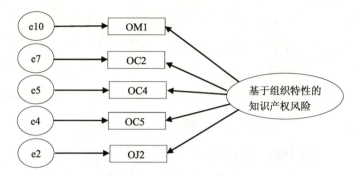

图6.1　基于组织特性的知识产权风险的CFA1验证

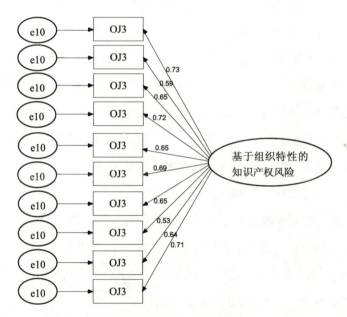

图6.2　基于组织特性的知识产权风险的CFA2验证

表6.7　AMOS输出的模型拟合指标

模型	卡方值	自由度	卡方值改变量	拟合优度指数	比较拟合指数	近似误差的均方根
CFA1	66.739	35	1.907	0.876	0.911	0.089
CFA2	3.118	5	0.624	0.994	0.998	0.000

从图6.1和表6.7的分析结果可以看出，RMSEA=0.089，大于常用的临界值0.080；，表明该模型需要修饰。根据AMOS程序Modification Indicates分析结果显示，OM2和OC3、OC1和OC3、OJ1及OJ2与多项观测指标变量之间残差的相关系数过高，造成了模型的适配性不好。所以考虑将OM2、OC1、OC3、OJ1和OJ2删除后重新进行了CFA，得到了良好的结果。图6.2给出了各观测变量的标准化回归系数，各个系数的数值均大于0.70，介于0.05~0.95，表示该测量模型的基本适配度良好，各指标变量很好地被资源整合有效度解释，各个指标变量也能够有效反映资源整合有效度的特质。表6.7中CFA2列示的拟合度指标表明，各项指标都达到了所要求的统计标准，CMIN/DF < 2，GFI > 0.80，CFI > 0.80，RMSEA < 0.080，以此判定该测量模型的假设模型与样本数据间契合，而且AMOS程序分析结果没有提要进一步修饰。综合EFA和CFA的结果，资源整合有效性的量表可以通过效度验证，该测量模型可以代入后续SEM中进行进一步的分析。

2. 基于知识特性的知识产权风险的效度分析

1）基于知识特性的知识产权风险的EFA

首先检验测量变项之间是否适合进行因素分析。测量变项间的KMO值为0.826，远高于因素分析的最低标准0.5，同时Bartlett球形检验小于0.001，也支持因素分析。以特征根大于或等于1为抽取原则，得到特征根大于1的两个因素，结果见表6.8~表6.12。

表6.8　KMO和Bartlett球体检验

KMO样本充足度测度		0.826
Bartlett球体检验	卡方检验值	230.914
	自由度	15
	P值	0.000

表6.9 特征值和方差贡献表

因子序号	初始值			被提取的载荷平方和			经旋转提取因子的载荷平方和		
	总值	方差	变量共同度%	总值	方差	变量共同度%	总值	方差	变量共同度%
1	4.253	38.666	38.666	4.253	38.666	38.666	2.802	25.470	25.470
2	1.458	13.253	51.919	1.458	13.253	51.919	2.728	24.801	50.272
3	0.994	9.036	60.955	0.994	9.036	60.955	1.175	10.683	60.955
4	0.949	8.631	69.586						
5	0.734	6.677	76.263						
6	0.580	5.269	81.531						
7	0.559	5.086	86.617						
8	0.481	4.373	90.990						
9	0.436	3.960	94.950						
10	0.347	3.152	98.102						
11	0.209	1.898	100.000						

Extraction Method：Principal Component Analysis.

表6.10 旋转的因子矩阵

	因子		
	1	2	3
KX1	0.823	0.027	0.007
KX2	0.805	0.211	0.108
KX3	0.692	0.266	0.165
KF3	0.670	0.295	0.001
KN3	0.154	0.758	0.052
KN4	0.201	0.696	0.445
KF1	0.241	0.641	0.157
KF3	0.316	0.619	0.321
KF4	0.395	0.604	0.198
KN2	0.360	0.544	0.175
KN1	0.202	0.108	0.859

表 6.11　方差解释表

因子序号	方差贡献值			被提取的载荷平方和			经旋转提取因子的载荷平方和		
	总值	方差%	变量共同度%	总值	方差%	变量共同度%	总值	方差%	变量共同度%
1	3.272	54.528	54.528	3.272	54.528	54.528	1.825	30.416	30.416
2	1.047	17.444	71.971	1.047	17.444	71.971	1.624	27.068	57.484
3	0.673	11.225	83.196	0.673	11.225	83.196	1.543	25.712	83.196
4	0.413	6.879	90.075						
5	0.370	6.168	96.243						
6	0.225	3.757	100.000						

提取方法：主成份分析法

表 6.12　经正交旋转后的因子负荷矩阵

	因子		
	1	2	3
KXodd	0.889	0.110	0.266
KXeven	0.877	0.204	0.181
KNodd	0.200	0.869	0.141
KNeven	0.104	0.839	0.284
KFodd	0.158	0.253	0.883
KFeven	0.437	0.215	0.748

　　从测量变项与因素之间的负荷可以看出（见表6.9和表6.10），基于知识特性的知识产权风险的所有测量变项很好地聚集为三个因素，共同因素的累积解释变异量为60.955%。但从表6.5可知，三个主成分包含了其他一些指标，没有与理论假设的一类测量变项聚集在一起。按照各测量指标的因子载荷的排序，先删除因子载荷最低的指标，然后进一步做EFA，由于潜因子变量研发过程涉及的指标过多，容易提出的共同因素过多，由此再采用各层面题项加总分析法，再踢出 KN3 和 KF3 两项指标后，分别将各层

面奇数项和偶数项题项加总，变成6个层面，得到最终的解释总变异量和转轴后的成分矩阵，见表6.9和表6.10。基于知识特性的知识产权风险的三个共同因素的累积解释变异量达到83.196%，共同因素中的题项的因素负荷量均大于0.7，测量题项与其他非相关因素的交叉负荷小于0.4。从抽取的因素数目和因素的含义来看，实证数据支持本研究的理论假设，即基于知识特性的知识产权风险可以由知识的内隐性、知识的复杂性和知识的系统性三个因素来解释，随后的CFA进一步验证。

2）基于知识特性的知识产权风险的CFA

经过上述的EFA后，再利用CFA来检验测量变项和潜在变量之间的假设关系，对潜在变量的测量模型进行验证和必要的修饰，为后续全模型的SEM分析做好基础工作。对基于知识特性的知识产权风险的CFA结果如图6.3和表6.13所示。

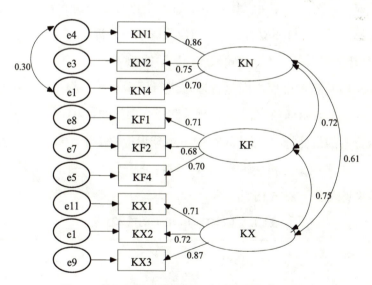

图6.3 基于知识特性的知识产权风险的CFA验证

表6.13 AMOS输出的模型拟合指标

模型	卡方值	自由度	卡方值改变量	拟合优度指数	比较拟合指数	近似误差的均方根
CFA	47.986	23	2.086	0.902	0.910	0.043

从图6.3中可以看出各观测变量的标准化回归系数，各个系数的数值均大于0.60，介于0.5~0.95，表示该测量模型的基本适配度良好，各指标变量很好地被基于知识特性的知识产权风险解释，各个指标变量也能够有效反映基于知识特性的知识产权风险的特质。表6.13中CFA列示的拟合度指标表明，各项指标都达到了所要求的统计标准，CMIN/DF < 3，GFI > 0.80，CFI > 0.80，RMSEA < 0.080，以此判定该测量模型的假设模型与样本数据间契合，而且AMOS程序分析结果没有提要进一步修饰。综合EFA和CFA的结果，基于知识特性的知识产权风险的量表可以通过效度验证，该测量模型可以代入后续SEM中进行进一步的分析。

3. 基于知识产权环境的知识产权风险的效度分析

1）基于知识产权环境的知识产权风险的EFA

首先检验测量变项之间是否适合进行因素分析，根据Kaiser（1974）的观点，可从KMO值的大小来判别。测量变项间的KMO值为0.851，远高于因素分析的最低标准0.5，同时Bartlett球形检验小于0.001，也支持因素分析。采用主成分分析法进行EFA，以特征根大于或等于1为抽取原则，EFA结果见表6.14~表6.16。

表6.14 KMO和Bartlett的球体检验

KMO样本充足度测度		0.851
Bartlett球体检验	卡方检验值	604.456
	自由度	55
	P值	0.000

表6.15 方差解释表

因子序号	初始值			被提取的载荷平方和			经旋转提取因子的载荷平方和		
	总值	方差%	变量共同度%	总值	方差%	变量共同度%	总值	方差%	变量共同度%
1	5.815	52.868	52.868	5.815	52.868	52.868	3.846	34.963	34.963
2	1.287	11.700	64.568	1.287	11.700	64.568	3.257	29.605	64.568
3	0.839	7.626	72.194						
4	0.733	6.667	78.862						
5	0.622	5.655	84.517						
6	0.414	3.764	88.280						
7	0.388	3.529	91.809						
8	0.283	2.576	94.385						
9	0.245	2.223	96.608						
10	0.217	1.971	98.579						
11	0.156	1.421	100.000						

提取方法：主成分分析法。

表6.16 旋转后的因子矩阵

	因子	
	1	2
EN3	0.834	0.038
EN5	0.810	0.310
EN6	0.736	0.354
EN4	0.711	0.184
EN7	0.686	0.345
EN2	0.672	0.318
EN1	0.655	0.389
EW4	0.126	0.841
EW3	0.238	0.841
EW2	0.234	0.705
EW1	0.345	0.648

　　从测量变项与因素之间的负荷可以看出（见表6.15和表6.16），基于知识产权环境的知识产权风险的所有测量变项很好地聚集为两个因素，共同因素的累积解释变异量为64.568%。联盟的外部知识产权环境和联盟的内部知识产权环境这两个共同因素中题项的因素负荷量均大于0.5。从抽取的因素数目和因素的含义来看，实证数据支持本研究的理论假设，即基于知识产权环境的知识产权风险可以由联盟外部知识产权环境和联盟内部知识产权环境两个因素来解释，随后的CFA进一步验证。

　　2）基于知识产权环境的知识产权风险的CFA

　　经过上述的EFA后，再利用CFA来检验测量变项和潜在变量之间的假设关系，对潜在变量的测量模型进行验证和必要的修饰，为后续全模型的SEM分析做好基础工作。对基于知识产权环境的知识产权风险的CFA结果如图6.4和表6.17所示。

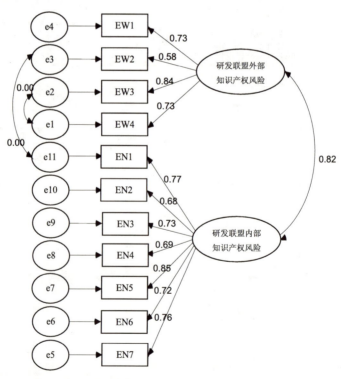

图6.4　知识产权环境引发的知识产权风险的CFA验证

表6.17　AMOS输出的模型拟合指标

模型	卡方值	自由度	卡方值改变量	拟合优度指数	比较拟合指数	近似误差的均方根
CFA1	80.902	43	1.881	0.872	0.929	0.067
CFA2	127.346	42	3.032	0.842	0.841	0.148
CFA3	144.951	44	3.294	0.823	0.812	0.157

表6.17中CFA模型验证列示的三个拟合度指标表明，修正CFA2模型和直交CFA3模型的卡方自由度比超过了标准值3，且RMSEA指标大于0.080，标明CFA2模型和CFA3模型与样本数据无法契合预设模型。通过设置一阶CFA模型多模型的比较得出图6.4中的各观测变量的标准化回归系数，各个系数的数值介于0.5~0.95，测量误差独立没有共变关系，表示该测量模型的基本适配度良好，各指标变量很好地被潜因子变量解释，各个指标变量也能够有效反映各潜因子变量的特质。预设CFA1的指标满足所设定的统计标准，CMIN/DF < 2，GFI > 0.80，CFI > 0.80，RMSEA < 0.080，以此判定CFA1模型与样本数据间契合。综合EFA和CFA的结果，基于知识产权环境的知识产权风险的量表可以通过效度验证，该测量模型可以代入后续SEM中进行进一步的分析。

6.4.2　研发联盟稳定性测量量表的效度分析

1. 资源整合有效度的效度分析

1）资源整合有效度的EFA

首先检验测量变项之间是否适合进行因素分析，根据Kaiser（1974）的观点，可从KMO值的大小来判别。测量变项间的KMO值为0.888，远高于因素分析的最低标准0.5，同时Bartlett球形检验小于0.001，也支持因素分析。采用主成分分析法进行EFA，以特征根大于或等于1为抽取原则，EFA结果见表6.18~表6.20。

表 6.18　KMO 和 Bartlett 球体检验

KMO样本充足度测度		0.888
Bartlett 球体检验	卡方检验值	669.656
	自由度	36
	P值	0.000

表 6.19　方差解释表

因子序号	初始值			未经旋转提取因子的载荷平方和		
	总值	方差%	变量共同度%	总值	方差%	变量共同度%
1	6.070	67.442	67.442	6.070	67.442	67.442
2	0.740	8.226	75.668			
3	0.574	6.376	82.044			
4	0.433	4.810	86.854			
5	0.340	3.780	90.634			
6	0.284	3.150	93.784			
7	0.260	2.894	96.677			
8	0.183	2.035	98.713			
9	0.116	1.287	100.000			

提取方法：主成份分析法。

表 6.20　旋转后的因子矩阵

	因子
	1
RE1	0.872
RE6	0.872
RE2	0.833
RE5	0.825
RE9	0.822
RE3	0.817
RE4	0.806
RE7	0.790
RE8	0.747

从测量变项与因素之间的负荷可以看出（见表6.19和表6.20），资源整合有效度的所有测量变项很好地聚集为一个因素，共同因素的累积解释变异量为67.442%。资源整合有效度在各个题项指标上的因子载荷量均大于0.7，高度反映了题项指标对该因子的影响。从抽取的因素数目和因素的含义来看，实证数据支持本研究的理论假设，即资源整合程度可以用可观测指标来直接测量，随后的CFA进一步验证。

2）资源整合有效度的CFA

经过上述的EFA后，再利用CFA来检验测量变项和潜在变量之间的假设关系，对潜在变量的测量模型进行验证和必要的修饰，为后续全模型的SEM分析做好基础工作。对资源整合有效度的CFA结果如图6.5、图6.6和表6.21所示。

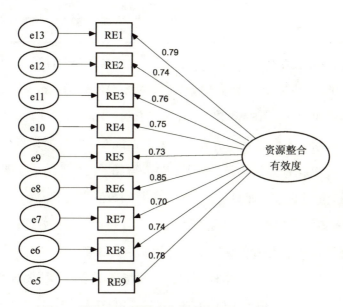

图6.5　资源整合有效度的CFA1验证

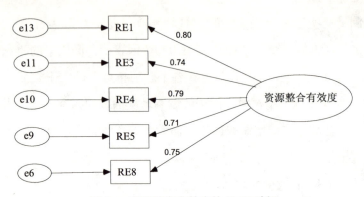

图6.6 资源整合有效度的CFA2验证

表6.21 AMOS输出的模型拟合指标

模型	卡方值	自由度	卡方值改变量	拟合优度指数	比较拟合指数	近似误差的均方根
CFA1	59.260	27	2.195	0.872	0.937	0.113
CFA2	2.880	5	0.576	0.988	1.000	0.000

从图6.5和表6.21的分析结果可以看出，RMSEA=0.113，大于常用的临界值0.080，表明该模型需要修饰。根据AMOS程序Modification Indicates分析结果显示，RE7和RE1、RE6和RE4、RE2与多项观测指标变量之间残差的相关系数过高，造成了模型的适配性不好。所以考虑将RE2、RE6、RE7、RE9删除后重新进行了CFA，得到了良好的结果。图6.6给出了各观测变量的标准化回归系数，各个系数的数值均大于0.70，介于0.05~0.95，表示该测量模型的基本适配度良好，各指标变量很好地被资源整合有效度解释，各个指标变量也能够有效反映资源整合有效度的特质。表6.21中CFA2列示的拟合度指标表明，各项指标都达到了所要求的统计标准，CMIN/DF < 2，GFI > 0.80，CFI > 0.80，RMSEA < 0.080，以此判定该测量模型的假设模型与样本数据间契合，而且AMOS程序分析结果没有提要进一步修饰。综合EFA和CFA的结果，资源整合有效度的量表可以通过效度验证，该测量模型可以代入后续SEM中进行进一步的分析。

2. 协调管理有序度的效度分析

1）协调管理有序度的 EFA

首先检验测量变项之间是否适合进行因素分析，根据 Kaiser（1974）的观点，可从 KMO 值的大小来判别。测量变项间的 KMO 值为 0.912，远高于因素分析的最低标准 0.5，同时 Bartlett 球形检验小于 0.001，也支持因素分析。采用主成分分析法进行 EFA，以特征根大于或等于 1 为抽取原则，EFA 结果如见表 6.22~表 6.26。

表 6.22　KMO 和 Bartlett 球体检验

KMO 样本充足度测度		0.912
Bartlett 球体检验	卡方检验值	1.930E3
	自由度	351
	P 值	0.000

表 6.23　方差解释表

因子序号	初始值			被提取的载荷平方和			经旋转提取因子的载荷平方和		
	总值	方差%	变量共同度%	总值	方差%	变量共同度%	总值	方差%	变量共同度%
1	13.960	51.702	51.702	13.960	51.702	51.702	6.684	24.754	24.754
2	1.521	5.633	57.335	1.521	5.633	57.335	5.558	20.587	45.341
3	1.316	4.872	62.207	1.316	4.872	62.207	4.554	16.866	62.207
4	0.965	3.572	65.780						
5	0.917	3.395	69.174						
6	0.864	3.201	72.375						
7	0.747	2.765	75.140						
8	0.724	2.683	77.824						
9	0.710	2.628	80.451						
10	0.612	2.265	82.717						

续表

因子序号	初始值			被提取的载荷平方和			经旋转提取因子的载荷平方和		
	总值	方差	变量共同度%	总值	方差	变量共同度%	总值	方差	变量共同度%
11	0.532	1.972	84.689						
12	0.518	1.919	86.607						
13	0.481	1.782	88.390						
14	0.393	1.457	89.847						
15	0.381	1.409	91.256						
16	0.370	1.369	92.625						
17	0.321	1.191	93.816						
18	0.269	0.997	94.812						
19	0.224	0.830	95.642						
20	0.206	0.762	96.404						
21	0.187	0.693	97.097						
22	0.180	0.667	97.764						
23	0.160	0.594	98.358						
24	0.136	0.504	98.862						
25	0.128	0.473	99.334						
26	0.096	0.357	99.691						
27	0.083	0.309	100.000						

提取方法：主成份分析法。

表6.24　旋转后的因子矩阵

	因子		
	1	2	3
CH1	0.424	0.116	0.536
CH2	0.637	0.131	0.415
CH3	0.427	0.269	0.601
CH4	0.687	0.149	0.500

续表

	因子		
	1	2	3
CH5	0.679	0.134	0.456
CH6	0.254	0.195	0.737
CY1	0.505	0.450	0.250
CY2	−0.008	0.753	0.183
CY3	0.318	0.673	0.317
CY4	0.554	0.553	0.037
CY5	0.555	0.546	0.166
CY6	0.643	0.447	0.275
CY7	0.362	0.575	0.418
CY8	0.554	0.463	0.328
CY9	0.354	0.522	0.427
CY10	0.698	0.334	0.259
CY11	0.480	0.662	0.048
CY12	0.185	0.663	0.287
CY13	0.540	0.531	0.160
CY14	0.347	0.578	0.362
CY15	0.741	0.260	0.182
CJ1	0.671	0.414	0.255
CJ2	0.093	0.392	0.695
CJ3	0.686	0.161	0.366
CJ4	0.301	0.235	0.750
CJ5	0.235	0.489	0.535
CJ6	0.427	0.465	0.305

表6.25 总方差解释

因子序号	初始值			被提取的载荷平方和			经旋转提取因子的载荷平方和		
	总值	方差%	变量共同度%	总值	方差%	变量共同度%	总值	方差%	变量共同度%
1	4.638	77.298	77.298	4.638	77.298	77.298	1.877	31.287	31.287
2	0.487	8.121	85.419	0.487	8.121	85.419	1.860	31.004	62.291
3	0.359	5.978	91.397	0.359	5.978	91.397	1.746	29.106	91.397
4	0.275	4.578	95.975						
5	0.181	3.021	98.997						
6	0.060	1.003	100.000						

提取方法：主成份分析法。

表6.26 旋转后的因子矩阵

	因子		
	1	2	3
CHodd1	0.861	0.337	0.251
CHeven	0.785	0.320	0.315
CYeven	0.355	0.834	0.386
CYodd	0.381	0.816	0.397
CJodd1	0.283	0.364	0.826
CJeven	0.310	0.388	0.722

从测量变项与因素之间的负荷可以看出（见表6.23和表6.24），协调管理有序度的所有测量变项很好地聚集为三个因素，共同因素的累积解释变异量为62.207%。但从表6.24可知，三个主成分包含了其他一些指标，没有与理论假设的一类测量变项聚集在一起。按照各测量指标的因子载荷的排序，先删除因子载荷最低的指标，然后进一步做EFA，由于潜因子变量研发过程涉及的指标过多，容易提出的共同因素过多，由此再采用各层面题项加总分析法，踢出CH1和CJ1两项指标后，分别将各层面奇数项和偶数项题项加总，变成6个层面，得到最终的解释总变异量和转轴后的成分矩阵，见表6.25和表6.26。协调管理有序度的三个共同因素的累积解释变

异量达到91.397%，共同因素中题项的因素负荷量均大于0.5。从抽取的因素数目和因素的含义来看，实证数据支持本研究的理论假设，即协调管理有序度可以合作伙伴、研发过程、绩效评价与权益分配三个因素来解释，随后的CFA进一步验证。

2）协调管理有序度的CFA

经过上述的EFA后，再利用CFA来检验测量变项和潜在变量之间的假设关系，对潜在变量的测量模型进行验证和必要的修饰，为后续全模型的SEM分析做好基础工作。对协调管理有序度的CFA结果如图6.7、图6.8和表6.27所示。

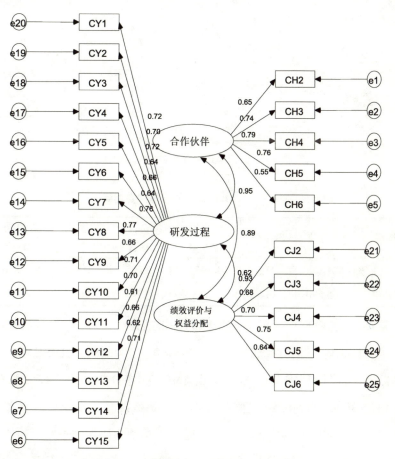

图6.7 协调管理有序度的CFA1验证

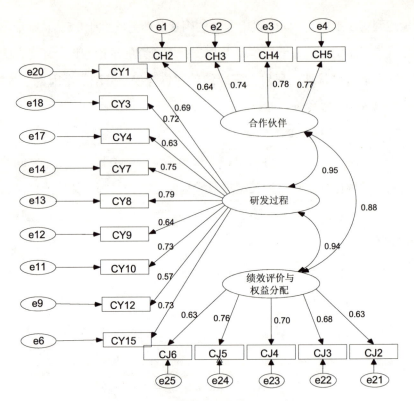

图6.8 协调管理有序度的CFA2验证

表6.27 AMOS输出的模型拟合指标

模型	卡方值	自由度	卡方值改变量	拟合优度指数	比较拟合指数	近似误差的均方根
CFA1	531.168	272	1.1953	0.705	0.814	0.101
CFA2	205.590	132	1.558	0.818	0.916	0.049

从图6.7和模型CFA的各项指标的分析结果可以看出，GFI和RMSEA两个统计量均不满足统计标准；GFI=0.705 < 0.80；RMSEA=0.101 > 0.080，表明该模型需要修饰。根据AMOS程序分析结果，CY2和CY7、CY5和CY3、CY11和CY8之间残差的相关系数过高，以及CY13、CY14、CY6与其他共同因素的协方差过大，造成了模型的适配性不好。所以考虑将CY2、CY5、CY6、CY11、CY13、CY14删除后重新进行了CFA，得到了

修正后的标准化回归系数（图6.8）和该测量模型拟合指标（见表6.27）。从图6.8中的各观测变量的标准化回归系数知，各个系数的数值介于0.5~0.95，测量误差独立没有共变关系，表示该测量模型的基本适配度良好，各指标变量很好地被潜因子变量解释，各个指标变量也能够有效反映各潜因子变量的特质。如表6.27中修正模型CFA2所示，各项拟合指标达到了统计要求，CMIN/DF < 2，GFI > 0.80，CFI > 0.80，RMSEA < 0.080，以此判定CFA2模型与样本数据间契合。综合EFA和CFA的结果，协调管理有序度的量表可以通过效度验证，该测量模型可以代入后续SEM模型中进行进一步的分析。

3. 关系相处亲密度的效度分析

1）关系相处亲密度的EFA

首先检验测量变项之间是否适合进行因素分析，根据Kaiser（1974）的观点，可从KMO值的大小来判别。测量变项间的KMO值为0.893，远高于因素分析的最低标准0.5，同时Bartlett球形检验小于0.001，也支持因素分析。采用主成分分析法进行EFA，以特征根大于或等于1为抽取原则，EFA结果见表6.28~6.30。

表6.28 KMO和Bartlett球体检验

KMO样本充足度测度		0.893
Bartlett球体检验	卡方检验值	571.111
	自由度	45
	P值	0.000

表6.29 总方差解释表

因子序号	初始值			被提取的载荷平方和			经旋转提取因子的载荷平方和		
	总值	方差%	变量共同度%	总值	方差%	变量共同度%	总值	方差%	变量共同度%
1	5.832	58.324	58.324	5.832	58.324	58.324	2.871	28.710	28.710
2	0.963	9.632	67.956	0.963	9.632	67.956	2.445	24.446	53.156
3	0.744	7.435	75.391	0.744	7.435	75.391	2.224	22.235	75.391
4	0.593	5.933	81.325						
5	0.439	4.385	85.710						
6	0.378	3.780	89.490						
7	0.339	3.386	92.876						
8	0.305	3.048	95.924						
9	0.229	2.292	98.216						
10	0.178	1.784	100.000						

提取方法：主成份分析法。

表6.30 旋转后的因子矩阵

	因子		
	1	2	3
RX1	0.836	0.191	0.191
RX2	0.801	0.192	0.277
RX3	0.776	0.291	0.188
RX4	0.632	0.376	0.321
RN2	0.225	0.862	0.143
RN1	0.287	0.792	0.310
RN3	0.386	0.710	0.322
RQ1	0.247	0.126	0.866
RQ3	0.264	0.378	0.760
RQ2	0.304	0.394	0.668

从测量变项与因素之间的负荷可以看出（见表6.29和表6.30），关系相处亲密度的所有测量变项很好地聚集为三个因素，共同因素的累积解释变异量为75.391%。从表6.30可知，共同因素中题项的因素负荷量均大于0.5，测量题项与非相关因素的因子载荷小于0.4。从抽取的因素数目和因素的含义来看，实证数据支持本研究的理论假设，即关系相处亲密度可以由心理耦合、渠道耦合和内容耦合三个因素来解释，随后的CFA进一步验证。

2）关系相处亲密度的CFA

经过上述的EFA后，再利用CFA来检验测量变项和潜在变量之间的假设关系，对潜在变量的测量模型进行验证和必要的修饰，为后续全模型的SEM分析做好基础工作。对关系相处亲密度的CFA结果如图6.9和表6.31所示。

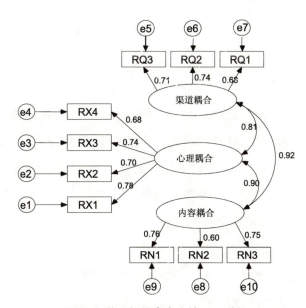

图6.9 关系相处亲密度的CFA验证

表6.31　AMOS输出的模型拟合指标

模型	卡方值	自由度	卡方值改变量	拟合优度指数	比较拟合指数	近似误差的均方根
CFA	44.858	32	1.402	0.916	0.967	0.066

从图6.9中各观测变量的标准化回归系数知，各个系数的数值介于0.5~0.95，测量误差独立没有共变关系，表示该测量模型的基本适配度良好，各指标变量很好地被潜因子变量解释，各个指标变量也能够有效反映各潜因子变量的特质。表6.31中模型CFA各项拟合指标达到了统计要求，CMIN/DF<2，GFI<0.80，CFI<0.80，RMSEA<0.080，以此判定CFA模型与样本数据间契合。综合EFA和CFA的结果，关系相处亲密度的量表可以通过效度验证，该测量模型可以代入后续SEM模型中进行进一步的分析。

6.4.3　问卷测量量表的信度分析

测量量表的有效性评价主要包括"信度"评价和"效度"评价两个方面（李怀祖，2004，p.259-263）。因素分析完成后，为进一步验证问卷的可靠性与有效性，有必要做信度检验。

信度主要是反映调查对象填写调查问卷的可信程度。具体来讲，就是在测量中，同一测量工具对同一测量对象得到一致结果（数据或结论）的可能性，一般采用包括不同时点的"稳定性"、不同测试对象的"等值性"和测量题目之间的"内部一致性"三个指标予以测量（谢荷锋，2007，p.119）。通过这三个指标，可以评估调查问卷是被随意填写的（包括由于对问题不理解而随便填写的情况），还是认真填写的。

内部一致性评价通常采用三种方法，即折半法（把题目按单双对半计分，计算相关程度）、KR20法（Kuded Rieharuson）和克朗巴哈a（Cronbach a）系数法。折半分析适合题目折半分类，KR20适合测量二选一测量工具，而Cronbach a系数法适合定距尺度的测试量表（如Likert量表）

（谢荷锋，2007，p.119）。

本研究的绝大多数问项均采用Likert-5点量表的形式，采用适合本问卷的且常用的Cronbach a系数进行评价。a系数是内部一致性系数，关于信度分析的评价标准，多数学者都认为0.7是一个比较合适的标准阈值（李怀祖，2004；Bock，et al.，2005），但是也有少数学者认为，Cronbach a系数只要达到0.6即为可接受的范围（Nummally，1978）（转引自黄芳铭，2005，p.270）。

本研究将a系数的临界值设为0.7。如果信度系数a在0.8以上，则表示量表有高信度。通过SPSS16.0统计软件对问卷所涉及的变量进行信度检验，结果见表6.32。

表6.32 变量信度检验结果

基本概念	二阶概念	Alpha值（n=189）
知识产权风险	基于组织特性的知识产权风险	0.882
	基于知识特性的知识产权风险	0.870
	基于知识产权环境的知识产权风险	0.915
研发联盟稳定性	资源整合有效度	0.927
	协调管理有序度	0.964
	关系相处亲密度	0.927
问卷整体信度	/	0.981

由表6.32可知，对问卷所涉及的各个变量的内部一致性系数a均在0.7以上，超过了临界值，表明本研究所采用的问卷量表可以通过信度检验。

6.5 模型验证

6.5.1 基于组织特性的知识产权风险作用关系验证

根据前述对于各个潜在变量测量模型的验证和调整，基于组织特性知识产权风险由观测指标直接（因素）进行测量。依据调整后的变量，这里需要验证的假设有3个，即假设H1a、假设H1b、假设H1c（具体内容可见5.1节）。提出关于基于组织特性知识产权风险与研发联盟稳定性结构关系的子模型1，如图6.10所示。

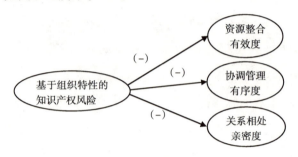

图6.10 子模型1

将基于组织特性的知识产权风险与研发联盟稳定性量表的数据代入子模型1，利用AMOS7.0进行分析后得到的结果如图6.11、表6.33和表6.34所示。

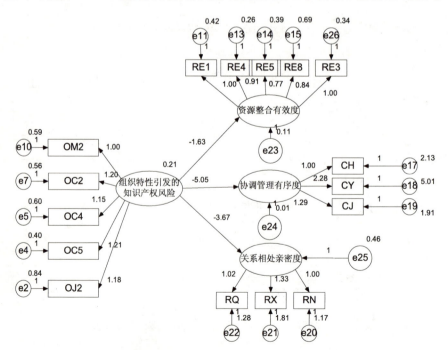

图6.11 基于组织的特性知识产权风险作用模型分析

表6.33 回归系数：（Group number 1-Default model）

			Estimate	S.E.	C.R.	P
资源整合有效度	←	基于组织特性的知识风险	−1.635	0.237	−6.904	***
协调管理有序度	←	基于组织特性的知识风险	−5.050	0.685	−7.372	***
关系相处亲密度	←	基于组织特性的知识风险	−3.670	0.508	−7.231	***

表6.34 AMOS输出的模型拟合指标

模型	卡方值	自由度	卡方值/自由度	拟合优度指数	调数拟合优度指数	正规拟合指数	比较拟合指数	近似误差的均方差
CFA	246.101	101	2.437	0.852	0.801	0.889	0.931	0.077

从表6.34可以看出，模型拟合指标均达到了设定的标准且拟合良好，该模型的最优拟合解（非标准化回归系数）如图6.11所示。从表6.33可以得出基于组织特性的知识风险在0.001的显著水平下对资源整合有效度和关系相处亲密度表现出负向影响；基于组织特性的知识风险在0.001的显著水平下对协调管理有序度表现出负向影响；基于组织特性的知识风险在0.001的显著水平下对关系相处亲密度表现出负向影响。由此可以得到如下假设检验结果，即假设H1a、假设H1b、假设H1c成立。

6.5.2 基于知识特性的知识产权风险作用关系验证

根据前述对于各个潜在变量测量模型的验证和调整，基于知识特性的知识产权风险由三个维度知识内隐性、知识复杂性和知识系统性进行测量。这里需要验证的假设有3个，即假设H2a、假设H2b、假设H2c（具体内容可见5.2节）。提出关于基于知识特性知识产权风险与研发联盟稳定性结构关系的子模型，如图6.12所示。

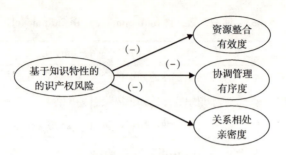

图6.12 子模型2

将基于知识特性的知识产权风险与研发联盟稳定性量表的数据代入子模型2，利用AMOS7.0进行分析后得到的结果见图6.13、表6.35和表6.36所示。

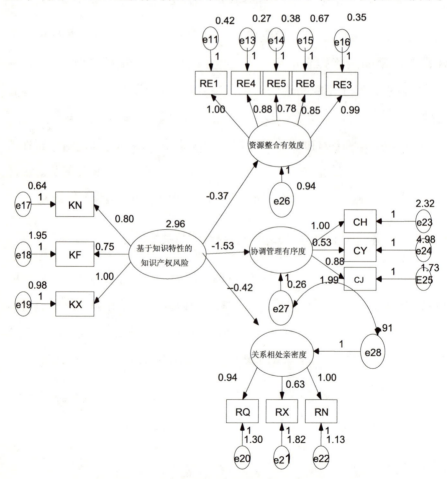

图6.13 基于知识特性的知识产权风险作用模型分析

表6.35　回归系数：（Group number 1 – Default model）

			Estimate	S.E.	C.R.	P
资源整合有效度	←	基于知识特性的知识风险	−0.370	0.089	−4.142	***
协调管理有序度	←	基于知识特性的知识风险	−1.538	0.376	−4.088	***
关系相处亲密度	←	基于知识特性的知识风险	−0.421	0.437	−0.936	0.335

表6.36　AMOS输出的模型拟合指标

模型	卡方值	自由度	卡方值/自由度	拟合优度指数	调数拟合优度指数	正规拟合指数	比较拟合指数	近似误差的均方差
CFA	190.822	73	2.614	0.860	0.809	0.893	0.925	0.076

　　从表6.36可以看出，模型CFA拟合指标均达到了设定的标准且拟合良好，该模型的最优拟合解（非标准化回归系数）如图6.13所示。从表6.35可以得出基于知识特性的知识风险在0.001的显著水平下对资源整合有效度表现出负向作用；基于知识特性的知识风险在0.001的显著水平下对协调管理有序度表现出负向影响；基于知识特性的知识风险对关系相处亲密度的负向作用不显著（C.R.绝对值 < 1.96，P值 > 0.05）。由此可以得到如下假设检验结果，即假设H2a、假设H2b得到证实，假设H2c未得到证实。

6.5.3　基于知识产权环境的知识产权风险作用关系验证

　　根据前述对于各个潜在变量测量模型的验证和调整，基于知识产权环境的知识产权风险由两个维度（联盟外部知识产权环境和联盟内部知识产权环境）进行测量。由于仅有两个维度对潜因子变量基于知识产权环境的知识产权风险来进行测量，会造成预设模型因为缺失的可观测维度而造成无法识别，进而影响整个子模型的路径分析和假设检验，所以预设平均数（以固定值0为参考）和截距进行子模型的检验。这里需要验证的假设有3个，即假设H3a、假设H3b、假设H3c（具体内容可见5.3节）。提出关于基于知识产权环境知识产权风险与研发联盟稳定性结构关系的子模型，如

图6.14所示。

将基于知识产权环境的知识产权风险与研发联盟稳定性量表的数据代入子模型3，利用AMOS7.0进行分析后得到的结果如图6.15、表6.37和表6.38所示。

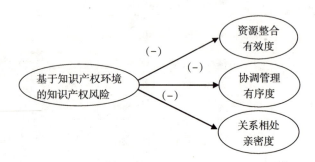

图6.14 子模型3

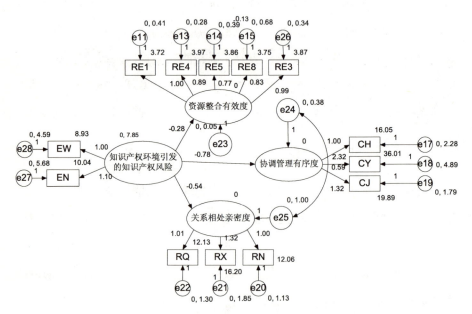

图6.15 基于知识产权环境的知识产权风险作用模型分析

表6.37 回归系数：（Group number 1 – Default model）

	Estimate	S.E.	C.R.	P
资源整合有效度 ← 基于知识产权环境的知识风险	−0.281	0.045	−6.244	***
协调管理有序度 ← 基于知识产权环境的知识风险	−0.777	0.093	−8.355	***
关系相处亲密度 ← 基于知识产权环境的知识风险	−0.538	0.060	−8.966	***

表6.38 AMOS输出的模型拟合指标

模型	卡方值	自由度	卡方值/自由度	拟合优度指数	调数拟合优度指数	正规拟合指数	比较拟合指数	近似误差的均方差
CFA	136.337	61	2.235	0.902	0.854	0.936	0.963	0.079

从表6.38可以看出，模型拟合指标均达到了设定的标准且拟合良好，该模型的最优拟合解（非标准化回归系数）如图6.15所示。从表6.37可以得出基于知识产权环境的知识风险在0.001的显著水平下对资源整合有效度表现出负向影响；基于知识产权环境的知识风险在0.001的显著水平下对协调管理有序度表现出负向影响；基于知识产权环境的知识风险在0.001的显著水平下对关系相处亲密度表现出负向影响。由此可以得到如下假设检验结果，即假设H3a、假设H3b、假设H3c得到证实。

6.5.4 所有潜在变量的全模型作用关系验证

从前面对各个潜在变量测量模型的验证和调整，以及对各个子模型的分析后，接下来探讨所有潜在变量的全模型结构关系，拟验证的全模型结构关系模型如图6.16所示。

将所有潜在变量量表的数据代入该模型，利用AMOS7.0进行SEM分析后得到的结果如图6.17、表6.39和表6.40所示。

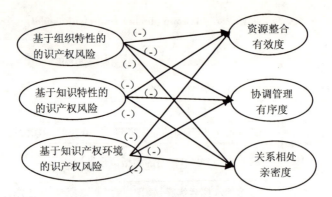

图6.16　知识产权风险对研发联盟稳定性的作用模型

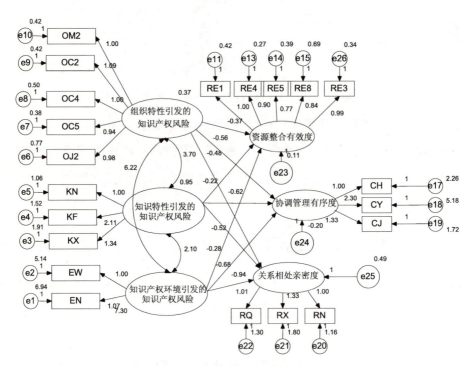

图6.17　全模型SEM分析结果图

表 6.39 Regression Weights：（Group number 1 – Default model）

	Estimate	S.E.	C.R.	P	路径
资源整合有效度 ← 基于组织特性的知识产权风险	−0.373	0.085	−4.398	***	R1
协调管理有序度 ← 基于组织特性的知识产权风险	−0.556	0.170	−3.267	0.001	R2
关系相处亲密度 ← 基于组织特性的知识产权风险	−0.483	0.171	−2.820	0.005	R3
资源整合有效度 ← 基于知识特性的知识产权风险	−0.222	0.103	−2.162	0.031	R4
协调管理有序度 ← 基于知识特性的知识产权风险	−0.620	0.271	−2.292	0.022	R5
关系相处亲密度 ← 基于知识特性的知识产权风险	−0.518	0.232	−2.230	0.026	R6
资源整合有效度 ← 基于知识产权环境的知识产权风险	−0.278	0.040	−6.973	***	R7
协调管理有序度 ← 基于知识产权环境的知识产权风险	−0.684	0.087	−7.857	***	R8
关系相处亲密度 ← 基于知识产权环境的知识产权风险	−0.945	0.111	−8.533	***	R9

表 6.40 AMOS 输出的模型拟合指标

模型	卡方值	自由度	卡方值/自由度	拟合优度指数	调数拟合优度指数	正规拟合指数	比较拟合指数	近似误差的均方差
Model1	570.876	178	3.207	0.790	0.728	0.810	0.859	0.108
Model2	336.018	175	1.920	0.864	0.821	0.888	0.866	0.070

进行预设的全模型检验，由表 6.40 的各指标显示，没有对三个自变量加入斜交检验的 Model1 的各个模型拟合指标中卡方自由度比值为 3.207 ＞ 3.0，GFI 和 AGFI 的值分别为 0.790、0.728，均小于 0.80，所以有部分拟合指标未达到统计检验临界值，该模型的适配性不符合要求。进一步加入自变量斜交检验得出的 Model2 的各拟合指标，满足统计检验临界值，Model2 的模型路径图（图 6.17）和各回归系数表（表 6.39）显示了尽管在子模型 2 中基于知识特性的知识产权风险对关系相处亲密度的负向作用不显著，但在考虑全模型的所有潜在变量共同作用时，基于知识特性的知识产权风险对研发联盟的稳定性（路径 R6）具有负向影响（P 值 = 0.026 ＜ 0.05），其直接效果的标准化路径系数为 −0.303。我们认为这是由于其他解释变量对该因素的影响，使得其所受基于知识特性的知识产权风险的负向影响增强

了。总的说来，所有潜在变量的全模型分析对所有假设的检验与各个子模型的分析基本保持一致。

6.5.5 跨行业研发合作的调节作用

根据所有潜在变量间的关系验证，考察了知识产权风险对研发联盟稳定性的作用之后，本部分重点分析基于跨行业合作的研发联盟类型，在知识产权风险与研发联盟稳定性之间关系的调节效应。按照温忠麟关于AMOS中调节作用的分组比较策略，本书重点验证分组的无限制模型和结构方程回归系数限制模型的卡方自由度比值的显著性。前面的χ^2减去后面的χ^2得到一个新的χ^2，其自由度就是两个模型的自由度之差。对调研问卷所涉及的189家企业进行行业统计，共涵盖了通信设备制造业、机械及仪器制造业、汽车制造业、生物制药、保险等五个行业。以这些企业所进行的研发联盟合作是否跨越了行业边界为分类调节变量，可以将所有的研发联盟合作关系划分为两类，即跨行业研发联盟合作与行业内研发联盟合作，这两类合作在调研中的数量分别为69份和120份。这里需要验证的假设是H4：研发合作的跨行业性对知识产权风险与研发联盟稳定性具有显著调节效应。

由此，本书进行多群组的SEM分析检验，根据研发联盟合作的两种类型，区分两个群组，在AMOS中设置了自由估计模型和回归系数相等的限制模型（增列结构系数相等），自由估计模型的参数间差异的临界比值见表6.41，各个模型适配度指标见表6.42。

在两组模型的路径中进行标注，跨行业研发联盟合作组模型中，路径标注为PW12、PW13、PW14、PW19、PW20、PW21、PW22，行业内研发联盟合作组模型中路径标注为W12、W13、W14、W19、W20、W21、W22。由表6.41整理结果可知，分组限制模型参数间差异的临界比值的绝对值均小于1.96，即差异值检验未达到显著水平，表示两组模型相对应的回归系数的差异显著等于0。进一步地，由表6.42分组分析无限制模型和限制模型的比较可知，对模型所有结构方程回归系数限制为相等后，卡方值的差异量为10.346，模型自由度的差异为7，增加的卡方值的显著性P值=0.170>0.05，未达到显著水平。因此，可从卡方值的差异量上判断，无限制模型和限制模型是没有差异的。从两个模型的各拟合指标看出（表6.43），各个拟合指标在限制模型和无限制模型中并无明显变化，进一步说明在模型适配度良好的情况下，跨行业研发联盟合作与行业内研发联盟合作的分组变量，对知识产权风险与研发联盟稳定性的调节效应不显著（图6.18和图6.19）。

作用不显著，可能是因为总样本量不多，跨行业合作的样本量相对更少。由于卡方值对受试样本的大小非常敏感，样本量愈大，则卡方值愈容易达到显著。卡方值检验最实用的样本数为100~200，且模型参数愈多，所需要的样本数就愈多。所以，针对基于跨行业的研发合作的调节作用，可以在后续研究中增加调研样本数量，以期更好地解释和验证调节作用。

表6.41 参数间差异的临界比值

	W12 (R1)	W13 (R2)	W14 (R3)	W19 (R4)	W20 (R7)	W21 (R8)	W22 (R9)	PW12 (R1')	PW13 (R2')	PW14 (R3')	PW19 (R4')	PW20 (R7')	PW21 (R8')	PW22 (R9')
W12 (R1)	0.000													
W13 (R2)	2.668	0.000												
W14 (R3)	10.046	9.047	0.000											
W19 (R4)	3.850	5.131	3.998	0.000										
W20 (R7)	2.977	3.232	3.129	3.434	0.000									
W21 (R8)	4.917	6.473	5.426	5.504	9.172	0.000								
W22 (R9)	1.667	2.869	1.979	2.067	4.820	5.798	0.000							

续表

	W12 (R1)	W13 (R2)	W14 (R3)	W19 (R4)	W20 (R7)	W21 (R8)	W22 (R9)	PW12 (R1')	PW13 (R2')	PW14 (R3')	PW19 (R4')	PW20 (R7')	PW21 (R8')	PW22 (R9')
PW12 (R1')	**0.413**	2.440	2.115	2.397	0.649	1.981	2.452	0.000						
PW13 (R2')	2.291	**0.967**	9.871	5.907	3.067	5.957	4.900	3.122	0.000					
PW14 (R3')	2.877	2.133	**0.369**	3.425	5.962	2.394	2.895	2.414	1.504	0.000				
PW19 (R4')	4.445	2.475	2.117	**-.799**	6.652	5.336	3.681	3.661	4.907	3.842	0.000			
PW20 (R7')	1.919	2.791	2.239	1.991	**0.426**	3.008	4.052	3.311	3.377	5.458	6.149	0.000		
PW21 (R8')	2.869	1.979	2.067	4.820	5.798	**0.414**	3.377	3.381	5.042	5.005	3.600	4.046	0.000	
PW22 (R9')	2.214	3.875	3.519	3.900	2.163	1.658	**0.881**	3.624	3.777	3.661	3.674	3.907	4.020	0.000

表6.42　AMOS输出的模型拟合指标

（Assuming model Unconstrained to be correct）

模型	自由值	卡方值	P值	NFI Delta-1 (<0.01)	IFI Delta-2 (<0.01)	RFI rho-2	TLI rho-1
限制模型（所有回归权重限制相等）	7	10.346	0.170	0.003	0.003	−0.001	−0.001

表6.43　AMOS输出的模型拟合指标

模型	NPAR	卡方值	自由度	卡方值/自由度	P值	GFI	AGFI	NFI	CFI	RMSEA
Unconstrained	86	689.096	369	1.867	0.272	0.851	0.812	0.893	0.900	0.069
限制模型（所有回归权重限制相等）	93	699.443	376	1.860	0.275	0.848	0.804	0.890	0.899	0.068

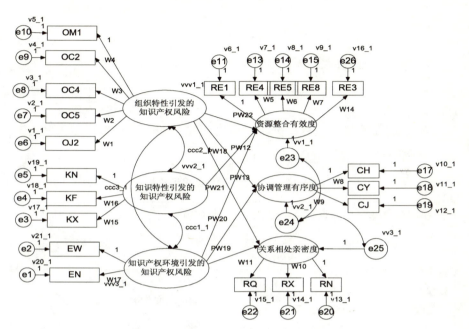

图6.18 跨行业研发联盟合作的结构模型图

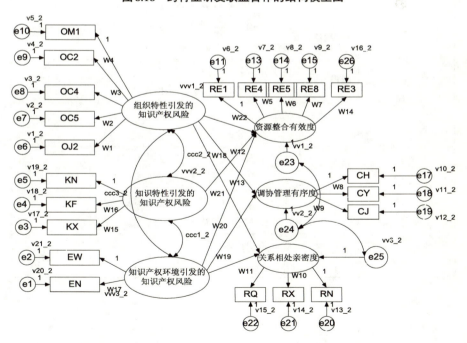

图6.19　行业内研发联盟合作的结构模型图

6.6　实证结果汇总

本章的任务是通过数据分析对研究模型的假设进行验证，为简明起见，将假设检验结果汇总至表6.44中。

表6.44　假设变量验证结果汇总表

假设类型	假设	具体内容	实证结果
基于组织特性的知识产权风险与研发联盟稳定性	假设H1a	基于组织特性的知识产权风险对资源整合有效度具有显著的负向作用	支持
	假设H1b	基于组织特性的知识产权风险对协调管理有序度具有显著的负向作用	支持
	假设H1c	基于组织特性的知识产权风险对关系相处亲密度具有显著的负向作用	支持
基于知识特性的知识产权风险与研发联盟稳定性	假设H2a	基于知识特性的知识产权风险对资源整合有效度具有显著的负向作用	支持
	假设H2b	基于知识特性的知识产权风险对协调管理有序度具有显著的负向作用	支持
	假设H2c	基于知识特性的知识产权风险对关系相处亲密度具有显著的负向作用	支持
基于知识产权环境的知识产权风险与研发联盟稳定性	假设H3a	基于知识产权环境的产权风险对资源整合有效度具有显著的负向作用	支持
	假设H3b	基于知识产权环境的产权风险对协调管理有序度具有显著的负向作用	支持
	假设H3c	基于知识产权环境的产权风险对关系相处亲密度具有显著的负向作用	支持

第7章

≫ 作者观点与发展展望

本章旨在对研究所的结论进行分析与讨论，并在此基础上，对其研发联盟稳定性研究中的现实意义进行分析与提炼。最后对于全书研究的局限进行说明，并指出未来可以进行的研究方向。

7.1　作者观点

本书以研发联盟在竞争不断加剧的市场环境中如何保持联盟的稳定为基本问题，提出知识产权风险在研发联盟中的重要作用。本书首先深入研究影响研发联盟稳定的要素，整合并进一步完善研发联盟稳定性的相关研究内容，建立研发联盟稳定性的要素结构模型，然后深入研究知识产权风险的影响因素，对知识产权风险与研发联盟稳定性之间的逻辑关系进行系统性分析与设计，提出知识产权风险影响研发联盟稳定性的结构模型，认为知识产权风险从组织特性、知识特性、知识产权环境三个方面对研发联盟的资源整合有效度、协调管理有序度及关系相处亲密度产生影响，并通过实证的方法检验知识产权风险影响因素对研发联盟稳定性的作用机理。

通过第6章的实证分析证明本书在第4章中提出的知识产权风险结构模型是合理的，即基于组织特性的知识产权风险可以由组织目标、组织成员属性和组织结构三个因素构成；基于知识特性的知识产权风险可以由知识的内隐性、知识的复杂性和知识的系统性三个因素构成；基于知识产权环境的知识产权风险可以由法律体系不完善、知识产权管理和保护水平低两个因素构成。同时也证明了第3章中的研发联盟稳定性结构模型也是合理的，即衡量研发联盟稳定性的资源整合有效度可以由合作伙伴技术研发能力、合作伙伴资产实力、合作伙伴信息透明度和研发联盟外部环境四个要素构成；衡量研发联盟稳定性的协调管理有序度可以由合作伙伴选择的恰当性、制度制定的完善性、契约制定的规范度和权益分配的公平性四个要素构成；衡量研发联盟稳定性的关系相处亲密度可以由组织文化的兼容性、组织间沟通的难易程度、组织间持续沟通的意愿和组织间相互信任的程度四个要素构成。

此外，通过实证分析，分别验证基于组织特性、知识特性及知识产权环境的知识产权风险对研发联盟稳定性的作用关系，对本书第5章提出的九个假设进行检验，得到检验结果如下：

（1）基于组织特性的知识产权风险对资源整合有效度的负向作用显著。研发联盟的目标不清晰、联盟成员素质低以及研发联盟组织结构不合理等原因所形成的知识产权风险会使得研发联盟资源整合边界不清晰，联盟内企业难以形成共同目标并制定自身与其合作伙伴之间的资源共享计划，从而对于资源整合的内容认识不充分。同时，这些知识产权风险会降低研发联盟相关成员企业的声誉，并进一步增加研发合作伙伴间的信息不对称性，造成成员企业对声誉较差的合作伙伴在知识、技术以及信息上有所保留，因而也将影响到资源整合的有效性。

（2）基于组织特性的知识产权风险对协调管理有序度的负向作用显著。清晰的研发联盟目标可以使各联盟成员有共同的战略目标，服从联盟的安排。对信誉较差的联盟成员进行监督和引导，可以防止企业做出有损其他合作伙伴的败德行为，影响联盟的稳定。关注学习能力相对较弱的联盟成员，保护其在资源共享及利益分配中的合法权利，保障联盟成员之间的公平、公正、合理，从而维护合作关系的稳定。提高联盟成员之间的相互信任，增强联盟成员自身的知识产权保护意识，可以有效防止联盟内的知识产权流失，维护联盟成员的合作。制订完备、合理的合作契约也是保障研发联盟持续稳定的重要方面；反之，将产生显著的负向影响作用。

（3）基于组织特性的知识产权风险对关系相处亲密度的负向作用显著。提高研发联盟成员企业的信誉，可以增进其与其他合作伙伴间的技术交流和知识共享，从而保证研发联盟的稳定。促进联盟成员之间的文化兼容程度，增强共同合作的意愿，都能够显著提高研发联盟的稳定性；反之，将产生显著的负向影响作用。

（4）基于知识特性的知识产权风险对资源整合有效度的负向作用显著。知识的内隐性程度越高，联盟成员伙伴之间越难以在技术上进行充分的交流和共享，合作中的信息也不能保持透明，从而研发联盟的资源越难以得到充分整合。知识的复杂性程度越高，所涉及的知识范围就越广泛，当合作伙伴之间为了共同的研发目标，需要进行技术知识的共享时，由于该项技术知识的复杂性较高，会影响接受者对知识整体的理解程度，导致知识共享的低效率，影响研发联盟整合资源的效果；知识的系统性程度越高，代表着被共享知识与其背景知识的关联度越高，一方面会导致知识接收方不容易完全能够消化所共享的知识，另一方面，由于知识发送方面临着需要共享合作所需之外的技术知识，增强了竞争对手的实力，往往会因此有所保留，从而最终会影响研发联盟资源整合的有效性。

（5）基于知识特性的知识产权风险对协调管理有序度的负向作用显

著。知识的内隐性所引发的知识产权风险，容易发生知识外溢，给知识持有方企业带来与合作无关的知识流失。在隐性知识显性化过程中，共享知识和信息资源也会导致企业本身核心技术的泄露和知识产权流失。并且，掌握企业隐性知识的重要员工的流失，同样会形成知识产权流失风险。由此，研发联盟在协调合作各方知识流动与共享方面将增加难度。同时，知识复杂性将使得参与合作的各方对知识的理解能力各不相同，从而偏离对知识的正确理解，并破坏知识的完整性和原有结构。此外，在较高的知识系统性下，共享知识的关联程度增加，知识范围更广、知识深度更大，合作伙伴间正确理解共享知识的难度提升，并进一步增加协调管理的困难。知识在内隐性、复杂性及系统性方面的强化，会降低研发联盟企业间协调管理的有序性。

（6）基于知识特性的知识产权风险对关系相处亲密度的负向作用显著。企业间相互防范的意识比较强，虽然可以更为有效地防止知识被挪用、模仿或复制，从而维持或增强自身的竞争优势，但实际上，将会影响到企业间的互动与合作关系的加深。由于知识内隐性主要体现在企业长期积累的经验和难以用文字语言完整表达出来的知识，所以，合作伙伴之间进行知识交流和共享的难度会较大，从而影响合作伙伴之间沟通的顺畅性。知识的复杂特征使得企业进行知识共享时会泄露出许多与合作无关的知识，对于知识接收方而言，一方面知识理解的难度加大了，另一方面可以获取到合作所需之外的知识，这两方面都会使得合作伙伴之间的关系产生疏远现象。

（7）基于知识产权环境的产权风险对资源整合有效度的负向作用显著。建立、健全知识产权的法律制度，以及联盟成员自身完善的知识产权管理制度，可以使联盟成员合理保护自身知识产权不受侵害，同时又不会保护过度，保障联盟成员之间的知识资源共享和信息透明化，提高研发联盟资源整合的效果；反之，将产生显著的负向影响作用。

（8）基于知识产权环境的产权风险对协调管理有序度的负向作用显著。完善的知识产权法律立法和执法机制可以防止联盟成员出现故意窃取对方知识产权或在知识共享中有意减少自身提供的知识数量的败德行为，提高研发联盟的协调管理有序度。提高研发联盟的各合作伙伴之间知识产权管理制度和保护意识水平，也会使研发联盟的协调管理减少困难；反之，将产生显著的负向影响作用。

（9）基于知识产权环境的产权风险对关系相处亲密度的负向作用显著。提高联盟成员的知识产权管理水平和保护意识，完善知识产权法律立法和执法机制能够提高联盟成员对彼此文化的认同，方便相互沟通，增进相互信任；反之，将产生显著的负向影响作用。

综上所述，本书以探讨知识产权风险对研发联盟稳定性的影响为出发点，分别建立了研发联盟稳定性结构模型以及影响研发联盟稳定性的知识产权风险结构模型，试图建立两个结构模型的构成要素之间的相互关系，研究分析知识产权风险影响研发联盟稳定性的作用机理并提出假设，通过实证的方法检验假设是否成立，最终得到知识产权风险对研发联盟稳定性影响的具体因素。

7.2 研究局限

本书采用了实证研究的方法研究知识产权风险对研发联盟稳定性的影响。选取的研究方法以及研究问题的复杂性都对本研究提出了较高的要求和很大的挑战，因此本研究也受到了一定的限制。经过总结，主要有以下几个问题需要在今后的研究中进行完善：

首先，在调查问卷数据的获取上，由于受到人力、物力、时间等客观因素的限制，本书获得的数据主要来自于江苏省和上海市范围内从事技术创新的企业，由于研究对象和相应调查对象的特殊性，本书的样本数据主要来自企业层面，要求填写调查问卷的人员必须是了解企业真实情况的高层管理人员，这直接导致了发放和回收问卷异常困难，这些局限性在一定程度上可能会影响本书研究结论的有效性，虽然获得的数据具有一定的代表性，但是如果能够在更大的范围内获得相关数据，那么一定会更加具有代表性和说服力。要想在更大的范围内获得更加全面的数据，是一项非常艰巨的任务，这也是本研究需要进一步改进和拓展的工作。

其次，在研究内容上，通过文献的收集发现，国内外关于研发联盟稳定性的研究数量不多，其中关注知识产权风险对研发联盟稳定性影响的相关研究就更为少见，所以，本书中提到的一些术语还有待进一步完善。同时，对于一些概念界定上的困难也导致了研究变量的设计与测量方面存在不足之处，因此，由于时间与精力的限制，本书所得到的研究结论受到一定的影响。

综上所述，未来可以进一步加强领域文献的研究，力争全面把握领域内的经典文献和最新研究成果。同时，进一步加强理论分析，深化研究假设和关系模型与理论框架的理论论证。此外，进一步加大研究样本数据的收集，提高研究样本数据的地域和覆盖范围，提高研究样本的数据质量，提高研究结论的有效性。

7.3　发展展望

随着科学技术的迅猛发展和企业竞争的加剧，企业间多种形式的研发合作日益成为企业发展的关注点，企业间关系也从简单的竞争关系发展为复杂的竞争合作互动关系，并逐渐以联盟为主导形成企业间研发合作的重要组织形式。知识产权风险作为企业间进行合作会面临的三大风险之一，凸显了其在研发联盟管理中的重要性，正如尤建新所指出的："知识产权的契约精神是研发联盟的基础设施，否则，联盟将是难以长久的。"因此，研究知识产权风险对研发联盟稳定性显得愈发重要。目前相关的研究尚不多见，毫无疑问，本书对问题的理论探讨和实证研究只是解释与回答了知识产权风险对研发联盟稳定性影响的小部分问题，还有大量命题值得我们不断去探索，这也是作者自己今后继续努力的方向。

基于本书的研究情况，作者认为以下几个方面内容有待进一步深入研究：

（1）关于知识产权风险的相关研究已经比较成熟，通过文献阅读可知，对知识产权风险的分类以及诱因等方面的研究，由于研究视角不同，有不同的阐述，同时也可以发现对于知识产权风险的分类是可以有多种形式的。因此，本书选择了其中一种已经得到学术界认可的知识产权风险的表达方式，并结合研发联盟的特性，即基于组织特性、知识特性以及知识产权环境三方面来构建影响研发联盟稳定性的知识产权风险结构模型。因此，在以后的研究中，可以考虑从其他视角来构建影响研发联盟稳定性的知识产权风险结构模型。

（2）本书主要是以WSR系统方法为基础，对研发联盟的稳定性进行研究，并得出其结构模型。然而，对于研发联盟这种企业间知识共享合作问题的研究，其方法论并非一种，由此，本书的研究有可能受到所采用具体方法不同所造成的影响，今后的研究可以进一步以其他方法论为基础进行深入分析。

（3）本书旨在探讨知识产权风险对研发联盟稳定性的影响，并通过实证检验所提出的，关于知识产权风险结构要素与研发联盟稳定性结构要素之间关系的假设，从而证明基于不同特性的知识产权风险会对研发联盟的资源整合效果、协调管理效果以及合作伙伴关系相处亲密程度当中的一项或几项造成影响。在以后的研究中，还可以在此基础上研究如何控制影响研发联盟稳定性的知识产权风险、如何提高研发联盟管理绩效等方面。

　　总之，目前知识产权风险对研发联盟稳定性的影响研究仍是一个极具理论价值和现实意义的研究方向，值得在今后的研究中作进一步深入探讨。

》知识产权风险对研发联盟稳定性
影响的调查问卷

尊敬的先生/女士：

您好！非常感谢您在百忙之中抽出宝贵时间填写这份问卷！您对问卷中所列题目的认真回答将能帮助我们识别和确认知识产权风险对研发联盟稳定性的影响因素，从而有利于包括贵公司在内的诸多企业提高研发联盟的稳定性。

※术语解释：

1. 研发联盟：指两个或两个以上的企业为了提升技术创新能力或产品开发能力，在保持各自相对独立利益及社会身份的同时，通过共建研发实体或契约协议所形成的优势互补、风险共担、利益共享、长期合作的关系。

2. 研发联盟的稳定性：是指研发联盟在一定的存续时期内，按照既定计划、契约和战略目标稳步运行，实现建立在激励相容基础上的制度均衡状态。

3. 知识产权风险：是指合作研发过程中由于伙伴之间的合作或知识共

享机制，产生的给所有人对其知识产权的所有权或者基于知识产权的当前或潜在收益带来负面影响的事件及其可能性。

由衷感谢您的填答，本研究所有信息将仅用于学术研究，您的帮助会使这项研究顺利进行，如有任何疑问，欢迎您与我联系！真诚地感谢您的支持与合作！

同济大学经济与管理学院

第一部分　基本信息

1. 您现任职位：

2. 您为贵公司服务的时间：

3. 企业名称：

4. 企业位于省市：

5. 企业员工人数：（　　　）

A、100人以下　B、101~500人　C、501~1000人　D、1001~5000人
E、5001人以上

6. 企业产权性质：（　　　）

A、国有及国有控股　B、民营（含民营控股）　C、中外合资　D、外商独资　E、其他

7. 企业所处的行业：（　　　）

A、通信设备制造业　B、机械及仪器制造业　C、汽车制造业　D、生物制药类　E、其他请填写＿＿＿＿＿＿＿＿

8. 企业成立年数：（　　　）

A、1~5年　B、6~10年　C、11~15年　D、15年以上

9. 企业的年销售收入：（　　　）

A、500万元以下　B、500万~1000万元　C、1000万~5000万元
D、5000万元~1亿元　E、1亿~10亿元　F、10亿元以上

第二部分 知识产权风险调查

请将您所在研发联盟中知识产权风险的实际情况与下列陈述进行对比，并据此打分。分数1、2、3、4、5分别代表实际情况与陈述之间"完全不符合""有点不符合""难以说清楚""基本符合""完全符合"。

A、以下是基于组织特性对您所在研发联盟的知识产权风险进行描述，请根据您个人认知和真实感受对下列项目进行逐条评分，并在相应位置上做出标记。

基于组织特性的知识产权风险	完全不符合	有点不符合	难以说清楚	基本符合	完全符合
	1	2	3	4	5
组织目标					
1 企业与合作伙伴拥有一致的组织目标					
2 企业与合作伙伴之间就战略、目标进行充分沟通，达成共识					
组织成员属性					
3 合作伙伴拥有较高的信誉					
4 合作伙伴的学习动机较强					
5 合作伙伴的学习能力高于贵企业					
6 贵企业具有较强的知识产权保护意识					
7 贵企业与合作伙伴之间相互信任					
组织结构					
8 研发联盟以契约型进行合作					
9 研发联盟的合作伙伴数量较多					
10 企业与合作伙伴间竞争领域的交叠程度较高					

B、以下是基于知识特性对您所在研发联盟的知识产权风险进行描述，请根据您个人认知和真实感受对下列项目进行逐条评分，并在相应位置上做出标记。

基于知识特性的知识产权风险	完全不符合	有点不符合	难以说清楚	基本符合	完全符合
	1	2	3	4	5
知识的内隐性					
1 合作中的知识难以用口头方式清楚表达					
2 知识可以通过手册或档案文件等书面方式传递					
3 知识可以通过网络和信息技术发送与存储					
4 知识必须从经验中学习或"边干边学"					
知识的复杂性					
5 需要由资深员工以师徒制方式教导新员工					
6 需要经过长时间的积累才能掌握					
7 涉及多个不同的知识领域					
8 大多是高度专业化的技术知识					
知识的系统性					
9 需要有相关的专业知识背景才能学会					
10 需要有相关工作经验才可以理解与吸收					
11 可以分解为不同的知识模块分别学习					

C、以下是基于知识产权环境对您所在研发联盟的知识产权风险进行描述，请根据您个人认知和真实感受对下列项目进行逐条评分，并在相应位置上做出标记。

基于知识产权环境的知识产权风险	完全不符合	有点不符合	难以说清楚	基本符合	完全符合
	1	2	3	4	5
联盟的外部知识产权环境					
1　知识产权相关法规与政策完善					
2　知识产权法律保护体系健全					
3　政府有关职能机构的知识产权管理效率较高					
4　国民的知识产权意识较强					
联盟的内部知识产权环境（企业对知识产权的管理与保护意识）					
5　企业设立了知识产权专责部门					
6　企业对知识产权进行维护					
7　与其他公司合作时，签订保密契约					
8　合作时违约会进行惩处与损害赔偿					
9　企业对知识产权原件保管妥当					
10　企业对研发部门、实验室的管理严格					
11　企业告知员工知识产权管理办法与义务					

第三部分　研发联盟的稳定性调查

请将您对所在研发联盟的资源整合有效度、协调管理有序度与关系相处亲密度的实际情况与下列陈述进行对比，并据此打分。分数1、2、…、5分别表示实际情况与陈述之间"完全不符合""有点不符合""难以说清楚""基本符合""完全符合"。

A、以下是对您所在研发联盟的资源整合有效度进行的描述，请根据您个人认知和真实感受对下列项目进行逐条评分，并在相应位置上做出标记。

	资源整合有效度	完全不符合	有点不符合	难以说清楚	基本符合	完全符合
		1	2	3	4	5
1	联盟各方都具备高素质的专业技术研发人才					
2	联盟各方都拥有支撑联盟技术研发合作的资金					
3	联盟各方都具备研发合作所需的物质资源					
4	联盟各方之间能够顺畅地沟通信息					
5	联盟各方都拥有有助于技术研发知识基础（包括知识积累、专利成果、研发水平与诀窍以及历史资料等）					
6	联盟具有良好的研发氛围（鼓励创新、容忍失败）					
7	联盟采用具有有利于开展研发活动的组织结构					
8	联盟所处行业的知识产权风险较低					
9	知识产权的相关法律法规健全					

B、以下是对您所在研发联盟的协调管理有序度进行的描述，请根据您个人认知和真实感受对下列项目进行逐条评分，并在相应位置上做出标记。

协调管理有序度	完全不符合	有点不符合	难以说清楚	基本符合	完全符合
	1	2	3	4	5
合作伙伴					
1　合作伙伴的目标一致					
2　合作伙伴的财务状况健康					
3　合作伙伴的研发人员素质较高					
4　合作伙伴的管理水平较高					
5　合作伙伴具备技术创新能力与技术改良能力					
6　合作伙伴之间相互信任					
研发过程					
7　在契约中设定了详细的规则以规范彼此行为					
8　聘请了律师等专业人士对合同进行了审定					
9　尽量考虑到未来可能出现的各种情况，并在合同中详细说明					
10　合作伙伴之间有正式的沟通渠道（如正式公文往来形式）					
11　建立了公平、公正、公开的协调分工机制					
12　建立了企业文化的融合机制					
13　建立了争端或冲突时的解决机制					
14　必须通过意见的交换与共识的达成才能决定联盟组织的重大决策					
15　制定了清晰的工作计划					
16　有效实施工作计划					
17　具有正式的定期营运报告制度（如财务报告等）					
18　合作企业管理层定期会面，理解研发合作进展，现场解决合作中的问题					
19　建立独立的监督机构，以保证研发联盟管理过程中的公平、公正					
20　定期进行合作进程的评估					

续表

协调管理有序度	完全不符合	有点不符合	难以说清楚	基本符合	完全符合
	1	2	3	4	5
21 对合作进程进行及时调整					
绩效评价与权益分配					
22 定期进行研发联盟绩效的评估					
23 发现问题及时解决					
24 实现研发联盟的目标					
25 联盟成员对合作研发表示满意					
26 对合作中产生的新知识产权的界定与归属清晰明确					
27 公平合理地分配合作研发成果					

C、以下是对您所在研发联盟的关系相处亲密度进行的描述，请根据您个人认知和真实感受对下列项目进行逐条评分，并在相应位置上做出标记。

关系相处亲密度	完全不符合	有点不符合	难以说清楚	基本符合	完全符合
	1	2	3	4	5
心理耦合					
成员企业之间相互信任					
企业有持续合作的意愿					
企业在合作中承诺投入精力和资源					
企业能适应研发联盟的合作活动					
渠道耦合					
能够进行良好的沟通					
有定期的培训、讲座、例会等交流					
能够与合作企业的文化相兼容					
内容耦合					
合作技术相互补					
合作设备相互补					
合作知识相互补					

调查问卷结束，感谢您的帮助!

参考文献

[1] Ruckman K. Technology sourcing acquisitions: What they mean for innovation potential. Journal of Strategy and Management, 2009, 2 (1): 56-75.

[2] Collins T M, Doorley T L. Teaming up for the 90s: A guide to international joint ventures and strategic alliances. Business One Irwin, 1991: 13-18.

[3] Drucker P F. The network society. Wall Street Journal, 1995, 29 (3): 12-14.

[4] Dyer J H, Kale P, Singh H. When to ally & when to acquire. Harvard Business Review, 2004, 82 (7): 108-115.

[5] Beamish P W. The characteristics of joint ventures in developed and developing countries. Columbia J. World Bus, 1985, 20 (3): 13-19.

[6] Yan A, Zeng M. International joint venture instability: a critique of previous research, a reconceptualization, and directions for future research. Journal of international business studies, 1999, 30 (2): 397-414.

[7] Porter, Michael E. The competitive advantage of nations. New York The Free Press, 1990.

[8] Das T K, Teng B S. Managing risk in strategic alliances. Academy of Management Executive, 1999, 13 (4): 50-62.

[9] Inkpen A C, Beamish P W. Knowledge, bargaining power and international joint venture instability. Academy of Management Review, 1997, 22

(1): 177-202.

[10] Das T K, Teng B S. Instabilities of strategic alliances: An internal tensions perspective. Organization Science, 2000 (11): 77-101.

[11] Das T K, Teng B S. Strategic risk behavior and its temporalities between propensity and decision context. Journal of Management studies, 2001, 38: 4-12.

[12] Zeng Ming, Chen Xiao-Ping. Achieving cooperation in multiparty alliances: A social dilemma approach to partnership management. Academy of Management Review, 2003, 28 (4): 587-605.

[13] Doz Y L, Hamel G. Alliance advantage: The art of creating value through partnering. Boston: Harvard Business School Press, 1998: 71-72.

[14] Khanna T, Gulati R, Nohria N. The dynamics of learning alliances: Competition, cooperation and relative scope. Strategic Management Journal, 1998, 19 (3): 193-210.

[15] Parkhe A. Strategic alliance structuring: A game theory and transaction cost examination of interfirm cooperation. Academy of Management Journal, 1993, 36 (4): 794-829.

[16] Inkpen A C, Tsang E W K. Social capital, networks, and knowledge transfer. Academy of Management Review, 2005, 30 (1): 46-65.

[17] Gravier M J, Randall W S, Strutton D. Investigating the role of knowledge in alliance performance. Journal of Knowledge Management, 2008, 12 (4): 117-130.

[18] 骆品亮, 王安宇. 微软垄断案的启示——产业组织理论角度的思考. 科研管理, 2001 (6): 36-43.

[19] 罗炜, 唐元虎. 企业合作创新的原因与动机. 科学学研究, 2001, 19 (3): 91-95.

[20] 吴文华，曹明. 工业企业寻求合作R&D的动机分析. 科学学与科学技术管理，2002，（5）：27-29。

[21] Inkpen A. Learing knowledge acquisition and strategic alliance. European Management Journal，1998，16（2）：223-229.

[22] Doz Y. The evolution of cooperation in strategic alliance：Initial conditions or learning processes? Strategic Management Journal，1996，17：55-83.

[23] Osterberg Eric C. A primer on IP risk management and insurance. The licensing journal，2003（11-12）：1-10.

[24] Kimberly K Cauthom. Managing intellectual property risk because knowledge is a company's greatest asset[EB/OL]. 2004-12-08. http：//www.sdiplaorg/IPRM white paper pdf.

[25] 祁红梅，黄瑞华. 动态联盟形成阶段知识产权冲突及激励对策研究. 研究与发展管理，2004，16（4）：70-76.

[26] 祁红梅，黄瑞华，彭晓春. 基于合作创新的知识产权冲突道德风险分析. 科学管理研究，2005，23（1）：16-19.

[27] Patricia Norman. Are your secrets safe? Knowledge protection in strategic alliances. Business Horizons，2001，44（6）：51-60.

[28] Judith Jordan，Julian Lowe. Protecting strategic knowledge insights from collaborative agreements in the aerospace sector. Technology analysis & strategic management，2004，16（2）：241-259.

[29] Kale P，Singh H，Perlmutter H. Learning and protection of proprietary assets in strategic alliances building relational capital. Strategic management journal，2000，21（3）：217-237.

[30] Fusfeld H I，Haklisch C S. Cooperative R&D for competitors. Harvard Business Review，1985（Nov-Dec）：60-76.

[31] 傅家骥，仝允恒. 技术创新学. 北京：清华大学出版社，1998：

141.

[32] 鲁若愚，傅家骥，王念星. 企业大学合作创新混合属性及其影响. 科学管理，2004，22（3）：13-16.

[33] 晋盛武. 企业研发的合作机制与结构研究. 中国科学技术大学，2005.

[34] Teece D J. Competition, corporation and innovation: organizational arrangements for regimes of rapid technological progress. Journal of Economics Behavior and Organization, 1992 (18): 1-25.

[35] 刘学. 技术合约与交易费用研究. 北京：华夏出版社，2001.

[36] Richard N. Langlois and Paul L. Robertson. Firms, Markets and Economic chamge: A Dynamic Theory of Pmsiness Institutions. 1995.

[37] Parkhe, A. International jomtventures. Handbook of in ternational Management. reaseach. BettyJane Punnett and oded shenkar (Eds), Oxford, England: Blackwell, pp.429-460.

[38] 王安宇. 合作研发组织模式选择与治理机制研究. 复旦大学，2002.

[39] 郭晓川. 大学企业合作技术创新行为的实证研究. 复旦大学，1998.

[40] 李廉水. 论产学研合作创新的组织方式. 科研管理，1998（1）：30-39.

[41] 钟书华. 我国企业技术联盟的组织行为. 科技管理研究，2000（2）：24-26.

[42] 李纪珍. 研究开发合作的原因与组织. 科研管理，2000（1）：106-112.

[43] 周二华，陈荣秋. 技术开发的类型与创新模式选择的关系. 科研管理，1999（4）：15-20.

[44] 李新春，顾宝炎，李善民. 中外企业合作的战略联盟特征与技术学习. 管理科学学报，1998（4）：44-50.

[45] 钟书华. 我国企业技术联盟现状分析. 科研管理，2000（4）：51-55.

[46] 蔡兵. 企业技术联盟的类型与一般发展特征. 国际技术经济研究，1999（3）：40-46.

[47] 苏敬勤. 产学研合作创新的交易成本及内部化条件. 科研管理，1999（5）：68-71.

[48] 鲁若愚，罗利，杨刚. 国际产学研合作中的政府作用及政策. 软科学，1998（1）：8-17.

[49] 穆荣平，赵兰香. 产学研合作中的若干问题思考. 科技管理研究，1998（2）：31-34.

[50] 吴贵生，李纪珍，孙议政. 技术创新网络和技术外包. 科研管理，2000（4）：33-42.

[51] 许春. 企业学习能力与研发合作契约稳定性. 科学学研究，2004（3）：312-316.

[52] 张浩辰. 企业合作研发动机的新视角一对产品兼容性和互通性的追逐. 科学学与科学技术管理，2004（3）：26-28.

[53] 周珺，许寅峰. 企业间合作研发的发展趋势与动机分析. 重庆大学学报（社会科学版），2002（5）：27-29.

[54] 郭丽红，冯宗宪. 垂直研究与开发合作联盟的博弈模型新探. 西安交通大学学报（社会科学版），2002，22（2）：50-53.

[55] Link A，Bauer L. Cooperative Research in vs manufacturing，Lexington Books，Lexington MA，1989.

[56] Hagedoorn C. Understanding the Rationale of Strategic technology paltering. Inter-organizational Models of Cooperation and Sectoral Differences Stra-

tegic Management Journal，1993（14）：371-385.

[57] Cohen W，Levinthal D. Absorptive Capacity：A new perspective on learning and innovation. Administrative Science Quarterly，1990（35）：129-152.

[58] Vengelers R，Gassiman B. Make and Buy in Innovation strategies：Evidence from Belgian Manufacturing Firms. Research Polic，1999（28）：63-80.

[59] Pisano G. The R&D Boundaries of the Firm：An Empirical Analysis. Administrative Science Quarterly，1990（35）：153-176.

[60] Maria Luisa Petit，Boleslaw Tolwinski. R&D Cooperation Competition. European Economic Review，1999（43）：185-208.

[61] 史占中. 企业战略联盟. 上海：上海财经大学出版社，2001：48.

[62] 迈克尔·波特. 竞争优势（中译本）. 北京：中国财政经济出版社，1988.

[63] Slahauddin. Strategic alliance. Business & Economic Review，1988.

[64] Yoshino，Micheal Y. Strategic Alliances：An Entrepreneurial Approach to Globalization. Boston Harvard Business School Press，1995.

[65] Culpan. Multinational alliances. The Howorth press inc. NewYork，1993.

[66] Sierra. Managing Global Alliance：Key Steps for Successful Collaboration. London：Addision-Wesley，1995.

[67] Durning John H Multinational Enterprises，Economic Structure and International Competitiveness. Genena：Wiley/IRM，1995.

[68] Gulati，Ranjay. Alliance and networks. Strategic Management Journal，1998（19）：293-317.

[69] 奥利弗·E·威廉姆森. 资本主义经济制度. 北京：商务印书馆，2002。

[70] Glaister K W，Buckley P J. Strategic motives for international alliance formation. Journal of Management studies，1996（33）：301-332.

[71] Hagedoorn J，Schakenraad J. The Effect of Strategic Technology Alliances on Company Performance. Strategic Management Journal，1994，16：214-250.

[72] 董芹芹. 企业研发联盟技术学习的理论与实证研究. 武汉理工大学管理学院，2009.

[73] Porter M E. What is strategy？Harvard Business Review，1996，74：61-79.

[74] 陈耀. 联盟优势——21世纪企业竞争新形态. 北京：民族出版社，2003：22，23.

[75] Simonin Bernard L The importance of collaborative know-how：an empirical of the learning organization. Academy of management Journal，1997，40：5.

[76] 李新春. 企业联盟与网络. 广州：广东人民出版社，2000：29.

[77] 福克纳 D，鲍曼等 C. 竞争战略. 北京：中信出版社，1997：135.

[78] 马成梁. 基于知识链的企业战略联盟研究. 复旦大学，2005.

[79] Phan P H，Peridis T. Knowledge creation in stratenic alliances：another look at organizational learning. Asia Pacific Journal of Management，2000（17）：201-222.

[80] Narula R，Hagedoorn J. Innovation through strategic alliances：Moving toward international partnerships and contractual agreements. Technovation，1999，19：283-294.

[81] 甄炳禧. 21世纪初美国经济走势. 国际问题研究，2001，1.

[82] Dinneen G P. R&D Consortia：Are they working？Research and Development，1988：62-66.

[83] Hagedoorn J，Narula R. Choosing Organizational Modes of Strategic Technology Partnering：International Sectoral Differences.Journal of International business studies，1996：265-284.

[84] Mothe C，Queilin B V. Resource creation and partnership in R&D consortia.Journal of high technology management research，12（1）：113-138.

[85] 李东红. 企业联盟研发：风险与防范. 中国软科学，2002（10）：47-50.

[86] Yukio Miyata. An analysis of cooperative R&D in the United States. Technovation，1996，16（3）：123-131.

[87] 周堵，徐寅峰. 企业间研发合作的发展趋势与动机分析. 重庆大学学报，2002，8（5）：27-29.

[88] 丁志祥. 研发联盟运行机制研究. 武汉理工大学，2010.

[89] Kim，Chang-Su. The co-evolution of alliance and technology networks：Alliances and interfirm learing in the global pharmaceutical industry，2002，DAI-A 63/02：664.

[90] Hamel G，Prahalad C K. Strategic intent. Harvard Business Review，1989，67（3）：63-76.

[91] 刘凤艳. 论企业知识协作. 煤炭技术，2003，22（10）：11，12.

[92] Robinson David T Strategic Alliances and the Boundaries of the firm. Columbia University Working Paper，2001，11.

[93] Helfat Constance E. and Ruth S.Raubitschek（2000），"Product Sequencing：Co-evolution of Knowledge，Capabilities，and Products." Strategic Mamagernent Journal，21（10-11），961-979.

[94] Kogut B. The stability of joint ventures：Reciprocity and competitive rivalry. Journal of Industrial Economics，1989（38）：83-89.

[95] 蔡继荣，郭春梅. 战略联盟的稳定性边界研究. 管理工程学报，

2007, 21 (2): 103–105.

[96] Bleeke J, Ernst D. Collaborating to compete: using strategic alliances and acquisitions in the global marketplance. New York: Wiley, 1993.

[97] Franko L G. Joint venture divorce in the multinational company. Columbia Journal of World Business, 1972, 6 (3): 13–22.

[98] Killing J P. How to make a global joint venture work. Harvard Business Review, 1983, 60 (3): 120–127.

[99] Casseres B G. Joint venture instability: is it a problem? Columbia Journal of World Business, 1987, 22 (2): 97–102.

[100] Kogut B. Joint Ventures: Theoretical and Empirical Perspectives. Strategic Management Journal, 1988, 4 (9): 319–332.

[101] Hennart J F. The transaction costs theory of joint ventures: An empirical study of Japanese subsidiaries in the United States. Mangement Science, 1991, 37 (4): 483–498.

[102] Madhok A, Tallman S B. Resources, transactions and rents: Managing value through interfirm collaborative relationships. Organization Science, 1998, 9 (3): 326–339.

[103] Parkhe A. Strategic Alliance Structuring: a game theory and transaction cost examination of interfirm cooperation. Academy of Management Journal, 1993, 36: 794–829.

[104] Spekman R E, Forbes T M, Isabella L, et al. Alliance management: A view from the past and a look to the future. Journal of Management Studies, 1998, 35 (6): 747–772.

[105] Inkpen A, Beamish P W. Knowledge, Bargaining Power and International Joint Venture Instability. Academy of Management Review, 1997, 22 (1): 177–202.

[106] Yan A, Zeng M. International joint venture instability: A critique of previous research, a reconceptualization, and directions for future research. Journal of International Business Studies, 1999, 30 (2): 397-414.

[107] Kabiraj T, Chowdhury P R. Adoption of new technology and joint venture instability. Research in International Business and Finance, 2007 (1): 95-111.

[108] Ernst D, Bamford J. Your alliances are too stable. Harvard Business Review, 2005, 83 (6): 133-141.

[109] Gill J, Butler R J. Managing instability in cross-cultural alliances. Long Range Planning, 2003, 36 (6): 543-563.

[110] Perry M L, Sengupta S, Krapfel R. Effectiveness of horizontal strategic alliances in technologically uncertain environments: are trust and commitment enough? Journal of Business Research, 2004, 57: 951-956.

[111] Hagedoorn J. Inter-firm R&D partnerships: An overview of major trends and patterns since 1960. Research Policy, 2002 (21): 45-53.

[112] Marjit S, Chowdhury P R. Asymmetric capacity costs and joint venture buyouts. Journal of Economic Behavior and Organization, 2004, 54 (8): 425-438.

[113] Nakamura M. Joint venture instability, learning and the relative bargaining power of the parent firms. International Business Review, 2005, 14 (4): 465-493.

[114] Gil A E, Passino M K. Stability analysis of network-based cooperative resource allocation strategies. Automatica, 2006, 42 (2): 245-250.

[115] Ojah K. Costs, valuation, and long-term operating effects of global strategic alliances. Review of Financial Economics, 2007, 16: 69-90.

[116] Jiang X, Li Y, Gao S X. The stability of strategic alliances: Charac-

teristics, factors and stages. Journal of International Management, 2008, 14 (2): 173-189.

[117] Bierly P E, Coombs J E. Equity alliances, stages of product development, and alliance instability. Journal of Engineering and Technology Management, 2004, 21: 191-214.

[118] Daellenbach U S, Davenport S J. Establishing trust during the formation of technology alliances. Journal of Technology Transfer, 2004, 29: 187-202.

[119] Lin W B. Factors affecting the correlation between interactive mechanism of strategic alliance and technological knowledge transfer performance. The Journal of High Technology Management Research, 2007, 17 (2): 139-155.

[120] 任声策, 宣国良. 基于学习和能力互补动态的研发联盟稳定性研究. 中国管理科学, 2005, 13 (5): 111-114.

[121] Sinha D K, Cusumano M A. Complementary resources and cooperative research: A model of research joint ventures among competitors. Management Science, 1991, 37 (9): 1091-1106.

[122] 夏天, 叶民强. 双头企业模型战略联盟决策的稳定性研究: 不完全信息条件下KMRW声誉模型的博弈分析. 科技管理研究, 2006 (6): 187, 188.

[123] 陈菲琼, 范良聪. 基于合作与竞争的战略联盟稳定性分析. 管理世界, 2007 (7): 102-110.

[124] 蔡继荣, 胡培. 基于生产组织模式选择超边际分析的战略联盟稳定性边界研究. 中国管理科学, 2007, 15 (2): 141-148.

[125] Birnbirg J G. Using strategic alliances to make decision about investing in technological innovations. International Journal of Management, 2006, 23 (1): 195-917.

[126] 单泪源，彭忆. 战略联盟的稳定性分析. 管理工程学报，2000 (3)：76-78.

[127] 李瑞琴. 跨国公司战略技术联盟稳定性的博弈分析. 财经研究，2005，31 (4)：103-111.

[128] 魏玮. 战略联盟组织的稳定性、组织治理与信用约束机制. 经济管理，2006，4 (8)：49-55.

[129] 刘晓燕，阮平南. 基于生态理论的战略联盟稳定性研究. 北京工业大学学报 (社会科学版)，2007，7 (2)：29-31。

[130] 桂萍，夏谦谦. 企业战略联盟的稳定性分析. 武汉理工大学学报，2007，29 (3)：151，152.

[131] Fitzgerald M. At risk offshore：U.S. companies outsourcing their software development offshore can get stung by industrial espionage and poor intellectual property safeguards. CIO，2003，17 (4)：1.

[132] Lochner S J. Risk-minimization strategies in licensing intellectual property from entities that are，or might become，financially troubled. Intellectual Property & Technology Law Journal，2002，14 (6)：75.

[133] Corbin R M. Managing risk and protecting intellectual property. Ivey Business Journal，2002，66 (3)：11.

[134] Cieri R M，Morgan M M. Licensing intellectual property and technology from the financially-troubled or startup company. The Business Lawyer，2000，55 (4)：16-49.

[135] 纳雷安安 V K. 技术战略与创新：竞争优势的源泉. 程源，高建，杨湘玉译. 北京：电子工业出版社，2002.

[136] Osterberg E C. A primer on IP risk management and insurance. The Licensing Journal，2003 (11-12)：1-10.

[137] Cauthorn K K. Managing intellectual property risk：Because knowl-

edge is a company's greatest asset. Intellectual Asset Management Practice, 2004 (1): 1-20.

[138] 汪忠, 黄瑞华, 张克英. 知识型动态联盟知识产权风险防范体系构建. 研究与发展管理, 2006, 18 (1): 90-96.

[139] 张克英, 黄瑞华, 汪忠. 基于合作创新的知识产权风险影响因素分析——理论分析框架. 管理评论, 2006, 18 (5): 9-14.

[140] 何英, 黄瑞华. 论知识外部性引发的知识产权风险. 科学学研究, 2006, 24 (5): 742-746.

[141] Badaracco JL. The knowledge link: How firms compete through strategic alliances. Boston: Harvard Business School Press, 1991.

[142] 苏世彬, 黄瑞华, 何瑞卿. 合作创新的知识转移中转移媒介引发的知识产权风险研究. 研究与发展管理, 2006, 18 (4): 72-76.

[143] Gao S. Strategic risk management and high-tech risks. Taiwan: The proceedings of risk management forum on the high-tech industry in Taiwan and UK, 2001.

[144] Norman P M. Are you secrets safe?: Knowledge protection in strategic alliances. Business Horizons, 2001 (11-12): 51-60.

[145] 汪忠, 黄瑞华. 合作创新的知识产权风险与防范研究. 科学学研究, 2005, 23 (3): 419-424.

[146] 苏世彬, 黄瑞华. 合作联盟知识产权专有性与知识共享性的冲突研究. 研究与发展管理, 2005, 17 (5): 69-74, 86.

[147] 何瑞卿, 黄瑞华, 徐志强. 合作研发中的知识产权风险及其阶段表现. 研究与发展管理, 2006 (12): 77-79.

[148] 顾基发. 物理—事理—人理WSR系统方法论. 交通运输系统工程与信息, 1995, 15 (3): 25-28.

[149] 顾基发, 高飞. 从管理科学角度谈物理—事理—人理系统方法

论. 系统工程理论与实践，1998（8）：1-5.

[150] 张彩江，孙东川. WSR方法论的一些概念和认识. 系统工程，2001，19（6）：1-8.

[151] 许国志. 论事理. 系统工程论文集. 北京：科学出版社，1981.

[152] 顾基发，唐锡晋著. 物理—事理—人理系统方法论：理论与应用. 上海：上海科技教育出版社，2006.

[153] Bronder C，Pritzl R. Developing strategic alliances. European Management Journal，1992，10（4）：412-421.

[154] Mason C. Strategic alliances：Partnering for success. Management Review，1993，5：10-15.

[155] Prescott C E. Innovation in the multinational firm with globally dispersed R&D：Technological knowledge utilization and accumulation. Journal of High Technology Management Research，1999，10（2）：203-222.

[156] Hoerte S A. Knowledge spillover aspects of co-operation and competition. International Workshop on Knowledge Spillovers and Knowledge Management in Economic Networks and Industrial Clusters，2002.

[157] Hagedoorn J. Inter-firm R&D partnerships：an overview of major trends and patterns since 1960. Research Policy，2002，31（4）：477-492.

[158] Chen Chung-Jen. The determinants of knowledge transfer through strategic alliances. Academy of Management Best Conference Paper 2004.

[159] Pisano G P. Using equity participation to support exchange：evidence from the biotechnology industry. Journal of Law，Economics，and Organization，1989，5（1）：109-126.

[160] Oxley J E. Appropriability harzards and govermance in strategic alliances：a transaction cost approach. Journal of Law，Economics，and Organization，1997，13（3）：387-409.

[161] Kaz Miyagiwa，Yuka Ohno. Uncertainty，spillovers，and cooperative R&D. International Journal of Industrial Organization，2002，20：855–876.

[162] Farok J Contractor. How knowledge attributes influence alliance governance choices：A theory development note. Journal of International Management，2002，8：11–27.

[163] Reed R，DeFillippi R J. Casual ambiguity，barriers to imitation，and sustainable competitive advantage. Academy of Management Review，1990，15：88–102.

[164] 疏礼兵. 团队内部知识转移的过程机制与影响因素研究——以企业研发团队为例. 浙江大学，2006.

[165] Winter S G. Knowledge and competence as strategic assets. Teece，D. J. The competitive challenge：Strategic for industrial innovation and renewal. Cambridge，MA：Ballinger，1987：159–184.

[166] Kogut B，Zander U. Knowledge of the firm and the evolutionary theory of the multinational corporation. Journal of International Business Studies，1993，24：625–645.

[167] Cohen W.M，Levinthal D A. Absorptive capacity：a new perspective on learning and innovation. Administrative Science Quarterly，1990，35：128–152.

[168] Simonin B L. Ambiguity and the process of knowledge transfer in strategic alliances. Strategic Management Journal，1999，20：595–623.

[169] Williamson O E. The Economic Institutions of Capitalism：Firms，Markets，Relational Contracting. New York：The Free Press，1985.

[170] Cannicea M V，Chen Roger，Daniels J D. Managing international technology transfer risk：A case analysis of US high-technology firms in Asia.

Journal of High Technology Management Research, 2003, 14 (2): 171–187.

[171] Lee J Y. Mansfield, Intellectual Property Protection and US Foreign Direct Investment. Review of Economics and Statistics, 1996, 78 (2): 86–101.

[172] Ring P S, Van De Ven A. Developmental processes of cooperative inter-organizational relationships. Academy of Management Review, 2003, 19 (1): 90–118.

[173] Hedlund G. A model of knowledge management and the N-form corporation. Strategic Management Journal, 1994, 15: 73–90.